한자는 즐겁다

한자는 즐겁다

초판 1쇄 펴냄 2010년 8월 10일
14쇄 펴냄 2025년 8월 10일

지은이 박은철

펴낸이 고영은 박미숙
펴낸곳 뜨인돌출판(주) ㅣ 출판등록 1994.10.11.(제406-251002011000185호)
주소 10881 경기도 파주시 회동길 337-9
홈페이지 www.ddstone.com ㅣ 블로그 blog.naver.com/ddstone1994
페이스북 www.facebook.com/ddstone1994 ㅣ 인스타그램 @ddstone_books
대표전화 02-337-5252 ㅣ 팩스 031-947-58688

ⓒ 2010 박은철

ISBN 978-89-5807-310-9 03710

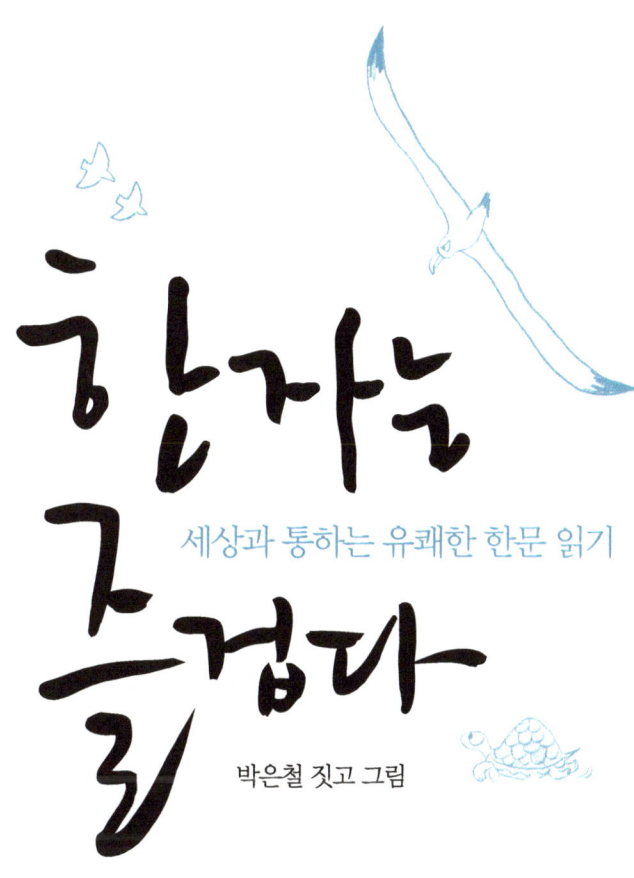

한자는 즐겁다

세상과 통하는 유쾌한 한문 읽기

박은철 짓고 그림

뜨인돌

추천사

한자와 만화에 이렇게 깊은 지혜를 담을 수 있다니!

한동안 한글 전용 정책에 밀려 거의 고사 위기에 처했던 한문 교육이 다시 살아나고 있다. 우리말의 주요 개념들이 한자어로 되어 있는 상황에서 한문을 모르고서는 국어를 위시한 모든 교과의 주요 개념들을 잘 습득할 수 없다는 자각이 있었기 때문이다. 별도로 학습지를 통해서 한자 교육을 시키는 가정도 늘어나고 있다.

하지만 예나 지금이나 한자는 결국 한 자 한 자를 외워야 한다는 부담이 있다. 암기에 질린 아이들은 좀처럼 의욕을 가지고 배우려 들지 않는다.

그래서 몇 년 전부터 나온 것이 만화를 통한 한문 학습이다. 그러나 그런 책들은 흥미를 유발해 한자를 쉽게 익힐 수 있다는 장점이 있지만, 아쉽게도 거기에서 더 나아가지는 못한다. 즉, 한문이라는 한 언어 혹은 그 언어에서 파생된 문학이 수천 년 역사 가운데서 품어 온 지혜의 깊은 곳까지 닿기에는 무리가 있다.

이런 의미에서 박은철 선생님의 『한자는 즐겁다』는 기존의 학습 만화 성격을 뛰어넘어 새로운 흐름을 만들어 낸 책이라 할 수 있다. 말하자면 한문과 만화를 매개로 한 종합적인 인문 교양서다. 그래서 한자를 재미있게 익히고 그 한자의 배경이 되는 이야기를 알게 되는 것은 물론이고, 그

글자를 매개로 하여 인류가 쌓아온 지혜와 역사를 읽는 눈을 얻게 된다. 지금 시대를 바라볼 수 있는 안목도 함께 얻게 된다.

박은철 선생님의 책에는 간단한 한자와 몇 컷의 만화, 그리고 그와 관련된 이야기가 담겨 있을 뿐이다. 어떻게 그 몇 가지 도구로 역사와 사회, 문학과 도덕을 이토록 깊게, 이토록 감칠맛 나게 담아 낼 수 있을까 감탄이 절로 나온다.

이러한 의문을 해소하려면 저자인 박은철 선생님을 보아야 한다. 그는 자유로운 예술가의 영혼을 가진 교사다. 수업이든 생활지도든 여러 방면에서 기존 교육의 틀을 뛰어넘어 새로운 상상력을 발휘한다. 그래서 그 주변에 있으면 늘 신선한 자극을 받는다. 뿐만 아니라 그의 시선은 학교의 울타리를 넘어 시대와 역사를 응시하고 있으며, 가난하고 약한 사람들의 아픔을 품고 있다.

이 책에 실린 내용은 월간 「좋은교사」에 연재됐을 때 엄청난 호응을 받았다. 선생님들이 이 내용을 복사해서 수업에 활용했을 때 아이들도 큰 흥미를 보였다. 그러기에 이 책은 어른과 아이들이 함께 볼 수 있는 드문 양서이다. 부모와 아이들이 함께 보고, 선생님과 아이들이 함께 읽으면서 한문 속에 담긴 지혜를 함께 배워 간다면 더없이 좋으리라 생각한다.

2010. 8
정병오(좋은교사운동 대표)

저자의 글

한문과 만화로 세상과 소통하기를 꿈꾸며

"우리 은철이 같은 인재가 한문을 전공하면 우리나라 한문학이 참 발전할 텐데…."

평생 농사를 지으며 살려고 했던 시골 소년에게 한문 선생님이 던진 과분한 덕담 한마디는 한 아이의 생의 흐름을 돌려놓았습니다. 미려한 예술성을 가진 한자와 고도의 철학적 함의가 주옥처럼 연결된 고금의 한문 문장들은 제 청춘의 나날들을 매료시키기 충분했습니다. 덤으로 새벽이슬 같은 다음 세대들을 가르칠 수 있는 복까지 얻었으니 참 감사한 일입니다.

사람들은 종종 묻습니다. 첨단의 초극을 달리는 현대사회에서 한자, 한문을 배우는 것이 과연 어떤 의미가 있느냐고요. 저 역시도 이 물음엔 한마디로 답하기가 늘 어려웠습니다.
가르치는 일을 시작한 지 20년 가까이되는 지금에서야 겨우 그 가닥을 잡았습니다.
그것은 바로 '소통하는 힘을 체득하는 것'입니다.

한자와 한문에 대해 깊이 이해한다면 과거의 수많은 현인들과, 다양한 학문과, 지구촌시대에 더불어 살아갈 이웃들과, 그리고 미래와 원활하게 소통할 수 있습니다. 앞으로 펼쳐질 시대는 소통의 능력이 뛰어난 사람들이 이끌어 갈 것입니다.

 그러나 안타깝게도 한자를 더 많이 알고 싶어 하는 제자들은 물론, 주위 사람들이 교재를 추천해 달라고 할 때 선뜻 권할 만한 것이 많지 않았습니다. 너무 어렵고 딱딱하거나 또 독자들의 눈높이를 맞춘다는 생각에 재미 위주로만 접근해 한문의 제 맛을 살리지 못한 책이 많기 때문입니다.
 한문이라는 다소 진부하고 따분해 보이는 학문을 어떻게 하면 가르치는 사람도 즐겁고, 배우는 사람도 즐거울 수 있을까 고민하다가 만화와 한자를 엮기 시작했습니다.
 만화를 도구 삼아 가르칠 때 아이들의 흥미와 관심이 최고조에 이르는 것을 경험했기 때문이지요.
 이 책은 수년간 그렇게 하나하나 작업한 것들을 모은 것입니다.

 등산이나 다도를 몸에 좋다는 이유로 하는 것은 분명 좋은 것입니다. 그러나 그 이유만이라면 그것들 본연의 즐거움을 온전히 느낄 수 없을 것입니다. 마찬가지로 한자 학습의 목표를 진학이나 취업을 위한 급수 따기 정도로만 생각한다면, 그런 단회적이고 낮은 수준의 동기로는 한문의 진미를 맛보거나 사유의 깊이가 더해 가는 희열을 경험하기 힘듭니다.

한자는 글자 자체가 균형미 높은 예술입니다. 또 문자 안에 동양사상이 응축되어 있어 공부를 하면 할수록 그 깊이에 빠져들 수밖에 없는 신비로운 학문입니다.

모쪼록 이 책을 읽는 독자들이 한자, 한문을 통해 이제껏 발견하지 못했던 세상의 아름다움을 발견하고, 사람과 역사를 보는 시선이 따뜻해지며, 미래를 열어 가는 창조적 역량들을 키워 갈 수 있다면 그보다 더한 기쁨이 없을 것입니다.

변변찮은 저작물을 낼 수 있도록 장을 열어 주신 뜨인돌출판사 고영은 대표님께 감사드립니다. 그리고 지금의 저를 있게 해준 스승인 김요셉 목사님, 김혈조, 김병찬 교수님, 박해철, 하지영 선생님과 동료 선생님들, 자식을 위해 모든 날의 이른 새벽을 깨우시는 부모님과 지혜로운 조력자인 아내 에스더, 제 상상력의 원천인 두 아들 선재와 민재에게 사랑과 고마움을 전합니다.

수업시간마다 제 말과 그림에 찬탄하며 귀 기울여 주었던
중앙기독중학교, 유신고등학교 제자들의 빛나는 눈망울을 기억하며

먼내골에서 박은철

차례

한자, 자연의 섭리를 말하다

- 01 蚊 문 무료한 여름날의 일침 14
- 02 火山 화산 대지가 가슴에 품은 불덩이 18
- 03 鳥媒花 조매화 새가 중매 서는 꽃 22
- 04 上弦 상현 하얀 쪽배, 직녀가 던진 빗 26
- 05 獅子 사자 모든 동물들의 스승이자 왕 32
- 06 禿수리 독수리 하늘의 제왕이자 초원의 빡빡머리 청소부 36
- 07 石榴 석류 가죽 주머니 속 빨간 구슬들 40
- 08 駱駝 낙타 사막의 배 46
- 09 歸巢本能 귀소본능 Come back home! 52
- 10 沙漠 사막 타 들어가는 모래 세상 58
- 11 爬蟲類 파충류 배로 걷는 각질족 62
- 12 雨 우 땅 위에 내리는 구름의 선물 66
- 13 仙人掌 선인장 신선의 손바닥 72

한자, 인간다운 삶을 노래하다

14 **饑餓** 기아 자선으로의 초대장 78
15 **嫉妬** 질투 나보다 잘난 건 못 봐 줘 84
16 **豬突** 저돌 내 사전에 후퇴란 없다 88
17 **射倖** 사행 요행을 노리고 쏜다 96
18 **啞鈴** 아령 무쇠팔 만들어 주는 도구 100
19 **獵奇** 엽기 재기발랄한 상상력 106
20 **容恕** 용서 영혼이 진정으로 자유로워지는 법 112
21 **齒牙** 치아 우리 몸에서 가장 단단한 조직 116
22 **排泄** 배설 잘 먹고 잘 싸자 122
23 **犧牲** 희생 내가 죽어 네가 살고 128
24 **一字師** 일자사 핵심을 짚어 주는 유능한 스승 132
25 **燕** 연 선악에 대한 징벌과 포상의 전령사 136
26 **醫師** 의사 환자와의 아름다운 동행 142
27 **龜鑑** 귀감 믿고 따를 모델 148

한자, 삶과 역사를 반추하다

- 28 麒麟 기린 초원의 신사이며 살아 있는 전설 154
- 29 扶桑 부상 동쪽 바다 끝, 처음 해 뜨는 나라 160
- 30 守株待兎 수주대토 융통성 없는 바보 166
- 31 龍鬚鐵 용수철 탄력 좋은 용의 수염 같은 쇠줄 172
- 32 子午線 자오선 하늘 양 끝을 이은 큰 동그라미 178
- 33 攝氏 華氏 섭씨 화씨 서양에서 온 셀시우스 씨와 파렌하이트 씨 182
- 34 鳳凰 봉황 벽오동 심은 뜻은 188
- 35 信天翁 신천옹 하늘만 믿는 바보 할배 194
- 36 金字塔 금자탑 숭고한 노동력과 창의성이 집약된 사각뿔 결정체 198
- 37 黃鳥 황조 노란 옷 입은 최고의 싱어 204
- 38 智異山 지리산 백두산이 대간을 타고 남으로 내려와 마지막으로 머무는 곳 210
- 39 狄踰嶺山脈 적유령산맥 되놈 넘어오던 고개 214
- 40 餘桃之罪 여도지죄 인간의 마음은 롤러코스터 220

習異山金字塔餘桃之罪　蚊火山烏媒花上弦獅子禿石榴駱駝歸來不能沙漠飛蝶賴雨仙人掌飢餓嫁妝發芽

한자, 자연의 섭리를 말하다 **1**

自然

01 무료한 여름날의 일침

蚊 모기 문

영어 **mosquito** | 중국어 **蚊子 [wēnzi]** | 일본어 **蚊** [음독 : ぶん] [훈독 : か]

모기는 한자로 蚊이라고 합니다.

더운 낮을 피해 여름 밤 글(文)공부를 할라치면 집중을 방해하는 벌레(虫)가 모기(蚊)입니다.

모기와 관련된 한자성어로 見蚊拔劍^{견문발검}이라는 말이 있습니다. "모기 보고 칼 뽑는다"는 우리나라 속담을 한문으로 옮긴 것인데 보잘것없이 작은 일에 지나치게 큰 對策^{대책}을 세우는 경우나 별것 아닌 일에 화를 내는 속 좁은 사람을 비유하는 말입니다.

見은 目^{눈 목} 밑에 사람의 다리 모양(儿)이 합쳐진 글자로 몸 중에 눈을 제외한 나머지 부분을 거의 생략하여 보는 기능을 강조했습니다.

拔은 손 수(手→扌)가 들어 있는 것에서도 알 수 있듯이 손으로 잡고 뽑거나 빼는 것을 의미합니다. 이를 뽑는 것을 拔齒^{발치}라고 하고 선수를 뽑는 것을 選拔^{선발}이라고 하지요.

劍은 刀^{칼 도}와 구분해서 쓰는데, 刀는 한쪽 날을 가진 칼이고 劍은 양날을 가진 칼입니다.

수업 시간에 지구상에서 사라져 버려야 할 생물이 무엇이냐고 물어봤더니 대다수의 학생들이 파리와 함께 모기를 들었습니다.

모기는 최근 들어 겨울에도 사라지지 않을 만큼 극성스러워진 탓에 쓸데없는 해충으로 여겨지지만 사실 이런 현상은 생태계 불균형을 초래한 인간의 잘못이 큽니다. 모기도 지구공동체를 유지하게 하는 구성원입니다. 모기와 그 애벌레인 장구벌레는 수많은 곤충과 조류와 어류의 먹이는 물론, 포유류인 박쥐의 훌륭한 식사 거리이기도 합니다.

　식도락의 천국인 중국에서는 '모기 눈알 수프'가 진기한 요리인데요, 미세한 모기 눈알은 동굴 속에 서식하는 박쥐의 배설물에서 채취한다고 합니다.

昆蟲곤충 蟲은 많이, 많다, 광대하다는 뜻. 곤충은 지구에서 종류와 개체수가 가장 많은 벌레류를 총칭하는 말이다. 전체 생물의 4분의 3을 차지한다

이솝우화에 등장하는 박쥐는 새와 짐승의 전쟁에서 기회주의적인 행동을 합니다. 그 덕(?)에 부정적인 이미지가 많지요.

그러나 우리나라는 예로부터 도자기, 가구, 옷, 장신구 등에 박쥐 문양을 많이 사용해 왔습니다. 蝠^{박쥐 복}과 복을 나타내는 福^복이 발음이 같아서 박쥐가 부귀영화와 복을 상징했기 때문입니다. 이런 박쥐무늬를 蝙蝠^{편복}무늬라고 합니다.

짙은 어둠 속에서도 인간의 미세한 혈관을 찾아내 피를 뽑는 모기의 신비한 능력은 맹수가 먹이를 덮치는 것과는 차원이 다릅니다.

모기는 고도의 기술이 집약된 각종 도구와 첨단 센서를 갖추어 '모든 기계의 이상적 모델'로 불립니다. 여름철 내내 성가시게 만드는 미물이지만, 글공부를 게을리하지 말라고 따끔히 일러주는, 유용한 초소형 비행체라 여겨 보는 건 어떨까요?

박쥐는 '날아다니는 쥐'라는 뜻에서 飛鼠(비서:날 비, 쥐 서)라고도 함

02 대지가 가슴에 품은 불덩이

火 불화
山 뫼산

영어 volcano | 중국어 火山 [huǒshān] | 일본어 火山 [かざん]

고대 그리스 사람들은 화산이 폭발하는 이유를 불과 대장간의 신인 헤파이스토스가 땅속에서 무언가를 만들기 때문이라고 믿었습니다.

이후 로마인들은 헤파이스토스를 '불카누스'라고 불렀습니다. 화산의 영어명인 볼케이노 volcano 는 거기에서 나온 것입니다.

땅속의 마그마가 밖으로 터져 나와 퇴적하여 이루어진 것이 火山입니다. 화산은 그 활동 유무에 따라 활화산, 휴화산, 사화산으로 구분됩니다.

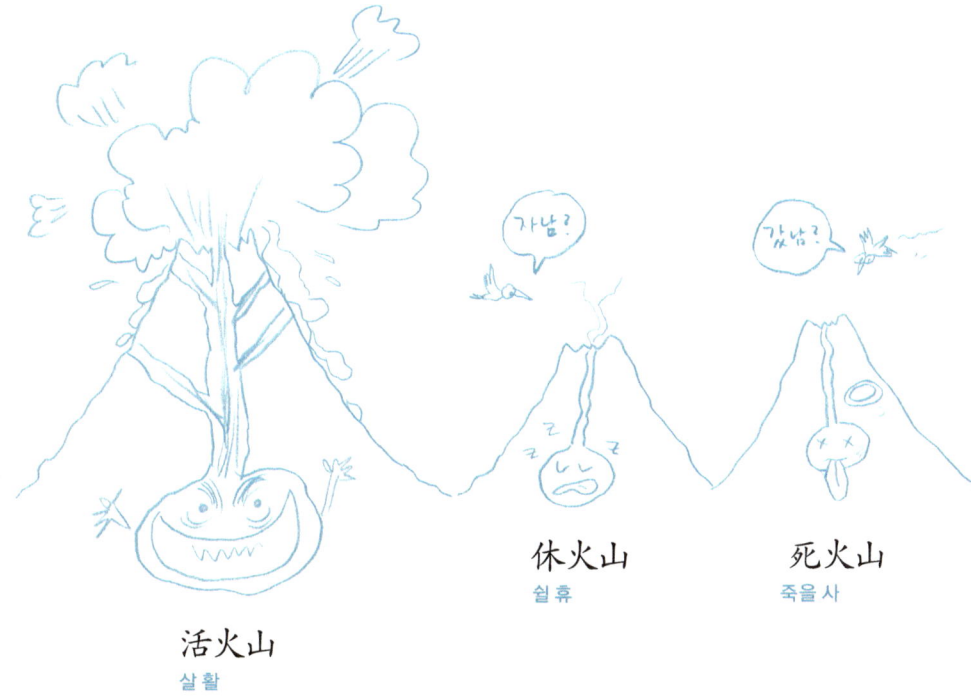

活火山
살 활

休火山
쉴 휴

死火山
죽을 사

헤파이스토스 헤라와 제우스의 아들. 외모가 추했으나 무엇이든 만들어 낼 수 있는 명공(名工)이었다

지표로 분출된 마그마를 **鎔巖**^{용암}이라고 하고 용암이 식어서 굳은 것을 **玄武巖**^{현무암}이라고 합니다. 색깔이 검고(玄) 단단한(武) 암석(巖)이라 해서 붙여진 이름입니다.

마그마가 지표면까지 나오지 못하고 땅속 깊은 곳에서 굳은 것은 **花崗巖**^{화강암}이 됩니다. 꽃무늬(花)가 있고 주로 산등성이(崗)에 많이 있는 암석(巖)이라는 뜻이지요.

AD 79년 이탈리아 베수비오 산이 폭발하면서 폼페이는 화산재에 덮여 역사 속으로 사라지고 맙니다. 이처럼 화산은 인류에게 재앙을 가져오기도 하지만 오랜 시간이 흐르면 그 지대는 **溫泉**^{온천} 등으로 각광받는 관광지이자 **地熱發電**^{지열발전}의 에너지원이 되기도 합니다.

화산 하면 대개 남미나 동남아시아 열대밀림 사이로 연기를 내뿜는 장면을 떠올리지만 우리 민족의 **靈山**^{영산}인 **白頭山**^{백두산}, **漢拏山**^{한라산}도 화산활동으로 생겨난 산입니다.

삶이 고단하고 힘겹게 느껴지더라도 모든 것을 녹여내는 활화산 같은 열정을 잃지 말아야겠습니다.

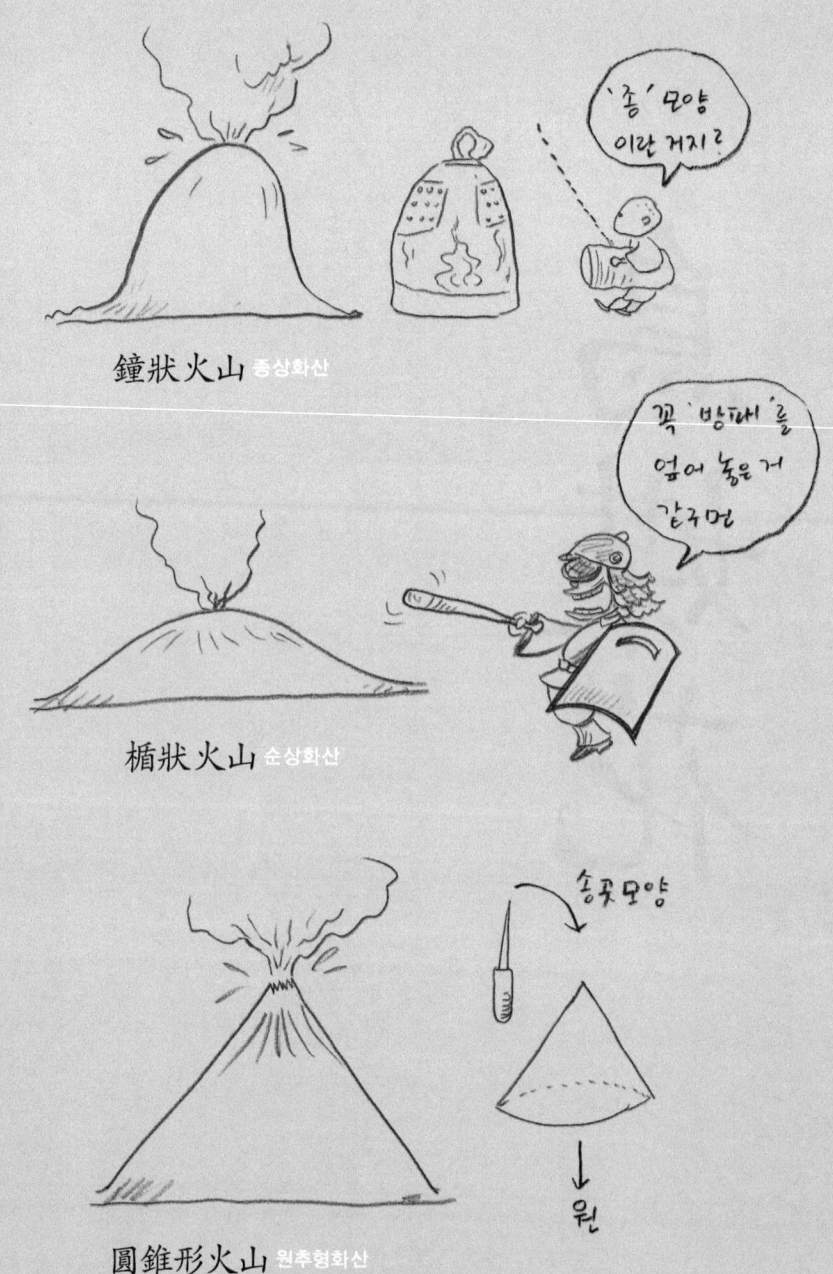

鐘狀火山 종상화산

楯狀火山 순상화산

圓錐形火山 원추형화산

鐘 쇠북 종 | 狀 모양 상 | 楯 방패 순 | 圓錐形 둥글 원, 송곳 추, 모양 형

03 새가 중매 서는 꽃

영어 ornithophilous flower | 중국어 鸟媒花 [niǎoméihuā] | 일본어 鳥媒花 [ちょうばいか]

꽃은 受粉 ^{수분:가루받이}을 통해 자손을 퍼트립니다.

가루받이 방법은 다양합니다. 꽃을 가루받이 방법대로 나누면 벌, 나비 같은 곤충에 의한 蟲媒花 ^{충매화}, 바람에 의한 風媒花 ^{풍매화}, 물에 의한 水媒花 ^{수매화}가 있지요.

媒는 仲媒 ^{중매하다}는 말인데 觸媒 ^{촉매}, 媒體 ^{매체}, 媒介 ^{매개} 등과 같은 말에 쓰입니다. 그래서 鳥媒花라고 하면 '새가 가루받이 할 수 있도록 중매를 서는 꽃'이란 뜻입니다.

중매 역할을 하는 대표적인 새들은 아메리카 대륙의 벌새와 동남아지역의 紅雀 ^{홍작}, 太陽鳥 ^{태양조} 등입니다. 모두 꽃의 꿀을 빨아먹기 쉽게 부리가 뾰족하고 정교한 동작이 가능한 초소형의 몸매를 하고 있습니다.

受粉 받을 수, 가루 분 : 종자식물에서 수술의 꽃가루(花粉)를 암술이 받는(受) 일

우리나라에서는 동백이 대표적인 鳥媒花이며 동박새에 의해 受粉됩니다.

동백나무는 대체로 2월부터 남쪽지방에서 꽃을 피우는데 날이 아직 차가워 벌과 나비가 찾아들지 못하는 까닭에 새에게 수분을 맡기는 것이지요.

동백(冬柏)

정 훈

백설(白雪)이 눈부신
하늘 한 모서리

다홍으로
불이 붙는다

차가올사록
사모치는 정화(情火)
그 뉘를 사모(思慕)하기에
이 깊은 겨울에 애태워 피는가

동박새는 동백과 이름까지 비슷하고 눈 주위의 하얀 테두리 때문에

白眼雀 ^{백안작}: White eye 이라고도 하지요.

　동백꽃은 꽃잎이 시들어서 떨어지는 것이 아니라 시들기 전에 한 잎씩 집니다. 그래서 가객 송창식은 선운사라는 곡에서 이렇게 노래하였습니다.

> 동백꽃을 보신 적이 있나요
> 눈물처럼 후두둑 지는 꽃 말이에요

　한겨울 먹이가 부족해 허기진 동박새에게 바람 온몸으로 맞아가며 가득 응축시켜 놓은 꿀물을 기꺼이 내어주는 동백꽃은 그렇게 함으로써 대를 이어가지요.

　동백꽃과 동박새는 함께 살아감(共生 ^{공생})이 어떠한 것인가를 시리도록 아름답게 말해 줍니다.

　그래서 동박새가 울어야 진정한 봄이 오는 것입니다.

禪雲寺^{선운사}　전북 고창군에 있는 사찰. 대웅전 뒤에는 수령(樹齡:나무 나이) 500년이 넘는 동백 3,000여 그루가 꽃을 피운다

04 하얀 쪽배, 직녀가 던진 빗

上 위상

弦 활시위 현

영어 first quarter | 중국어 上弦 [shàngxián] | 일본어 上弦 [じょうげん]

上弦상현달과 下弦하현달의 구분을 헷갈려 하는 사람들이 의외로 많습니다. 하지만 한자로 보면 쉽게 이해할 수 있지요.

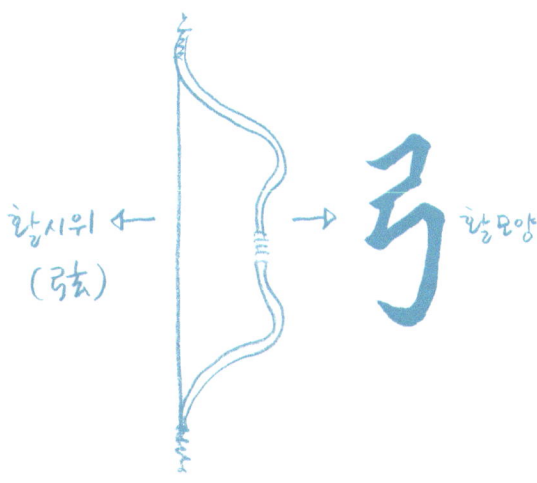

상현, 하현은 각각 위 상(上)과 아래 하(下) 뒤에 弦을 씁니다.

弦은 뜻을 담당하는 弓활 궁과 음을 담당하는 玄검을 현이 만나 만들어진 말입니다. 따라서 활시위 모양이 위로 향해 있으면 상현달이고 아래로 향해 있으면 하현달인 것이죠. 달의 모양을 활처럼 본 데서 나온 말입니다.

음이 같고 모양 역시 비슷한 글자로 絃이 있습니다. 絃은 糸실 사가 들어가서 '악기 줄'을 나타냅니다. 거문고, 가야금, 바이올린, 비올라, 첼로 등을 부르는 말인 絃樂器현악기에 이 글자를 사용합니다.

시인 나희덕 님의 「上弦」을 감상해 봅시다.

차오르는 몸이 무거웠던지
새벽녘 능선 위에 걸터앉아 쉬고 있다

神도 이렇게 들키는 때가 있으니!

때로 그녀도 발에 흙을 묻힌다는 것을
외딴 산모퉁이를 돌며 나는 훔쳐보았던 것인데
어느새 눈치를 챘는지
조금 붉어진 얼굴로 구름 사이 사라졌다가
다시 저만치 가고 있다

그녀가 앉았던 궁둥이 흔적이
저 능선 위에는 아직 남아 있을 것이어서
능선 근처 나무들은 환한 상처를 지녔을 것이다
뜨거운 숯불에 입술을 씻었던 이사야처럼

조선 중기 성리학자 花潭^{화담} 徐敬德^{서경덕:1489-1546}과의 사랑으로 유명한 黃眞伊^{황진이}도 반달을 노래했습니다.

松都三絕송도삼절 송도(고려 수도)에서 세 가지 뛰어난 것을 이름. 서경덕, 황진이, 박연폭포

誰斲崑崙玉
수 착 곤 륜 옥

곤륜산 옥을 깎아

裁成織女梳
재 성 직 녀 소

직녀 머리빗 만든 이 누구일까

牽牛一去後
견 우 일 거 후

사랑하는 님 견우 가 버린 후

愁擲碧空虛
수 척 벽 공 허

수심에 싸여 검푸른 하늘로 던져 버렸네

梳 빗 소 | 愁 근심 수 | 碧 푸를 벽 | 空 하늘 공 | 虛 빌 허

반달을 보고 인명 살상용 무기인 활을 떠올린 존재는 아마 남성들이었을 겁니다. 하지만 황진이 같은 여인은 똑같은 것을 보고도 직녀의 머리빗을 연상했습니다.

억센 활의 팽팽한 시위보다는 '솜씨 좋은 천상의 장인이 고품질 玉의 산지로 유명한 곤륜산의 옥을 고르고 골라 깎아서 만든 직녀의 머리빗'이라는 표현이 더 맘에 듭니다.

끊이지 않는 전쟁과 테러의 소식으로 팍팍한 이 세상에 모성의 강이 굽이쳐 흘렀으면 좋겠습니다.

青湖畔(청호반)새

푸른 코트 빛나는
희망의 전시는
青湖畔새

05 모든 동물들의 스승이자 왕

獅 사자 사
子 아들 자

영어 **lion** | 중국어 **獅子 [shīzi]** | 일본어 **獅子 [しし]**

크고 당당한 풍채와 황금빛 갈기로 '百獸^{백수}의 왕'이라 불리는 사자는 동물 중 유일하게 이름에 '스승 사'가 붙습니다.

獅 = 개사슴 록(犭) + 스승 사(師)

황금빛 가죽과 방사형으로 뻗친 갈기는 태양의 힘을 상징하여 신적 존재로까지 여겨졌습니다.

서역으로부터 전해진 사자에 대한 의식은 일찍이 사자가 살지 않았던 우리나라에까지 영향을 미쳤는데요. 함경남도 북청군 일대에서는 해마다 음력 정월 대보름을 전후하여 며칠 동안 사자탈을 뒤집어쓰고 사자놀이를 하는 풍습이 있었습니다.

중요무형문화재 15호로 지정된 북청사자놀음의 목적은 *辟邪進慶*^{벽사진경}입니다. 백수의 왕 사자로 잡귀를 몰아내고 마을의 평안을 유지한다는 것이지요.

권위와 힘의 상징인 사자는 스코틀랜드와 잉글랜드 왕족의 문양이기도 합니다. 19세기 대영제국을 상징하기도 했고요. 지금도 그 흔적들을 찾아볼 수 있는데 한국 선수들의 활약으로 친숙한 잉글랜드 프리미어 리그의 문양을 보면 사자가 왕관을 쓰고 축구공을 밟고 있습니다.

辟邪 물리칠 벽, 사악할 사 : 사악한 귀신을 내쫓음

이름이 子로 끝나는 것도 동물로서는 매우 이례적입니다.

長子^{장자}, 父子^{부자}, 子女^{자녀}에서도 보듯이 子는 아들을 뜻합니다.

또 사물을 지칭하는 접미사로도 쓰입니다.

椅子^{의자}, 帽子^{모자}, 酒煎子^{주전자} 등이 그런 예지요.

위대한 사상가나 스승들의 성씨 뒤에 붙여 존경의 뜻을 나타내기도 합니다.

孔丘^{공구}를 孔子^{공자}로, 孟軻^{맹가}를 孟子^{맹자}로, 莊周^{장주}를 莊子^{장자}로 부르는 것이 다 그런 이유에서입니다. 그런데 재미있게도 '獅子'라고 할 때의 子가 이 경우에 해당합니다.

孔子   孟子   莊子

사자가 저녁 사냥을 시작하기 전과 새벽에 일어나기 전에 울부짖는 소리는 유명합니다. 오죽하면 "사자의 일성에 여우의 머리통이 터진다"라는 말이 있을까요.

    뭇 생명들이 두려워 떨며 복종한다는 뜻에서 부처의 설법을 獅子吼_{사자후}라고 하고요, 크게 부르짖어 열변을 토할 때 "獅子吼를 토하다"라는 표현을 씁니다.

    사자는 또한 생후 3일 만에 어미 소리를 듣고 눈을 뜬다고 해서 그리스도를 상징하는 聖獸_{성수}로도 여겨졌습니다.

두려움을 모르는 강심장
지평선 멀리까지 바라보는
넓은 시야
위엄 있는 포효

사자에게서 스승의 면모를 배웁니다.

吼 울부짖을 후

06 하늘의 제왕이자 초원의 빡빡머리 청소부

禿 수 리

대머리 독

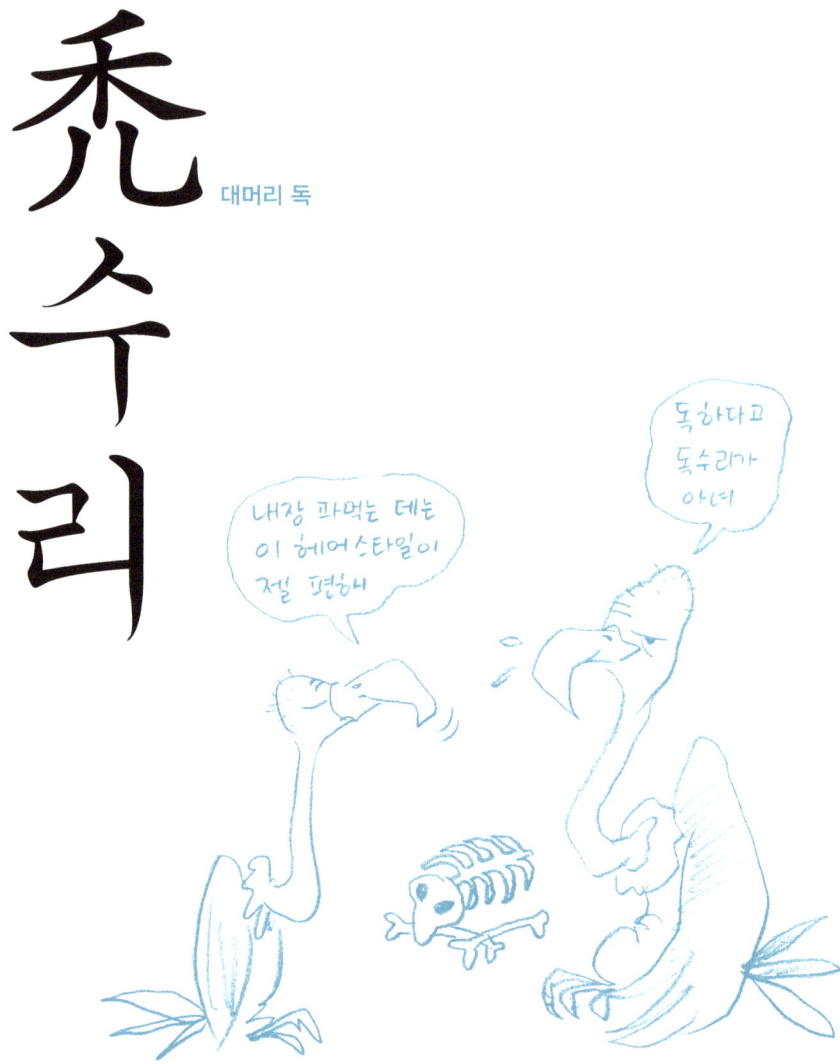

영어 eagle | 중국어 禿鹫 [tūjiù] | 일본어 禿鷲 [はげわし]

하늘의 제왕인 독수리는 육식성 조류입니다. 육식성 조류는 猛禽類^{맹금류}라고도 하는데 독수리, 매, 올빼미, 부엉이 등이 이 무리에 속합니다.

오리, 거위, 닭, 칠면조처럼 가축으로 길들여 집에서 키우는 것들은 家禽類^{가금류}, 카나리아나 나이팅게일, 휘파람새같이 잘 울고 목소리가 고우며 체격이 자그마한 것들은 鳴禽類^{명금류}라고 합니다.

하늘의 제왕인 동시에 초원의 청소부인 禿수리들은 머리털이 거의 없습니다. 그래서 대머리독수리라고도 부르지요.

하지만 '대머리독수리'는 뜻이 중첩되는 어색한 표현입니다. 禿수리의 '禿'에 이미 대머리란 뜻이 들어 있기 때문이지요.

하얀 白지, 역前 앞, 처家집, 모래沙막, 떨어지는 落엽, 반드시 必요함, 따뜻한 溫기, 노래 歌사, 고木나무, 아침朝회, 일요日날, 미리 豫약, 남은 餘생, 빈 空간, 蹴구 차다, 結실 맺다, 스스로 自원하다, 뜨거운 熱기, 지나가는 過객, 뒤로 後진….

이 모두 '대머리독수리'처럼 뜻이 중첩되는 어색한 표현들입니다.

그래가 본인보고 '禿'개자라 카는 기가?

猛禽類 사나울 맹, 날짐승 금, 무리 류 | 鳴 울 명 | 落 떨어질 락 | 溫 따뜻할 온 | 豫 미리 예 | 蹴 찰 축 | 結 맺을 결 | 熱 뜨거울 열 | 過 지나갈 과

한편 흰머리수리는 영어로 'American bald eagle'이라고 합니다.

머리가 벗어진 것이 아닌데 bald^대머리라고 하는 것은 아마도 머리 부분의 깃털이 희기 때문일 겁니다.

흰머리수리는 미국이 독립선언을 한 6년 후인 1782년, 미국의 **國章**^국장:국가를 상징하는 휘장으로 채택되었습니다.

그러나 모두가 이 결정에 동의한 것은 아니었습니다.

미국인의 **典型**^전형:롤모델이자 **國父**^국부로 추앙받는 '벤저민 프랭클린'은 그의 딸 '사라 바흐'에게 흰머리수리가 국조로 제정되는 것에 반대한다는 편지를 보냈다지요.

흰머리수리가 정직하지 않고 죽은 나무에 앉으며 게을러서 스스로 사냥하지 않는 비겁한 부류라는 이유를 들어서 말입니다.

벤저민 프랭클린
Benjamin Franklin, 1706-1790

獨立宣言 홀로 독, 설 립, 베풀 선, 말씀 언

실제로 흰머리수리는 썩은 고기를 먹으며 물수리들을 괴롭혀 그들이 포획한 물고기를 약탈합니다.

미국 제40대 대통령인 로널드 레이건은 1982년에 '흰머리수리 국장 채택 200주년'을 선언했을 때 그 이유를 이렇게 밝혔습니다.
"비상할 때의 우아함과 힘, 가족을 지킬 때의 경계심과 충성심, 무엇보다도 그 용기로 인해 자랑스럽고 적합한 미국의 상징이 되었다."

미국이 이 말 그대로 비상하는 힘, 가족을 지키는 충성심, 용기로 세계 평화와 인류에 이바지할 수 있기를 바랍니다.
오만한 약탈자가 아니라 청교도 선조들처럼 하나님을 두려워하고 감사할 줄 알며 타 국민을 사랑하는 아름다운 나라(美國)가 되기를 간절히 바라 봅니다.

淸敎徒 청교도 16세기 후반 영국에서 일어난 개신교 무리.
엄격한 도덕을 강조하고 사치 향락을 버리고 청정(淸)한 생활을 내세웠다

07 가죽 주머니 속 빨간 구슬들

石
돌 석

榴
석류 류

석류는 에스트로겐이 풍부해~

영어 pomegranate | 중국어 石榴 [shíliu] | 일본어 石榴 [せきりゅう]

요즘 웰빙식으로 각광받는 石榴는 페르시아(지금의 이란 지역)가 원산지입니다.

옛날 중국에서는 페르시아를 安石國^{안석국}이라고 했으므로 이 열매를 石榴, 즉 안석국에서 들어온 석류라고 이름 붙였습니다.

송나라의 王安石^{왕안석}은 「詠石榴詩^{영석류시}」를 지었습니다.

萬綠叢中紅一點
만 록 총 중 홍 일 점

온통 푸른 가운데 다홍 점 하나

動人春色不須多
동 인 춘 색 불 수 다

봄날 감흥 이보다 더할 게 있으랴

왕안석(1021-1086) 송나라의 문필가이자 정치인. 뛰어난 산문과 서정시를 남겨 '당송팔대가(唐宋八大家)' 가운데 한 명으로 꼽힌다

여러 남자들 속에 있는 여자 한 명을 紅一點홍일점이라고 하는데 바로 이 시에서 유래된 것입니다.

손으로 던지는 소형 폭탄인 手榴彈수류탄은 그 모양이 石榴와 비슷하다고 해서 붙여진 이름입니다.

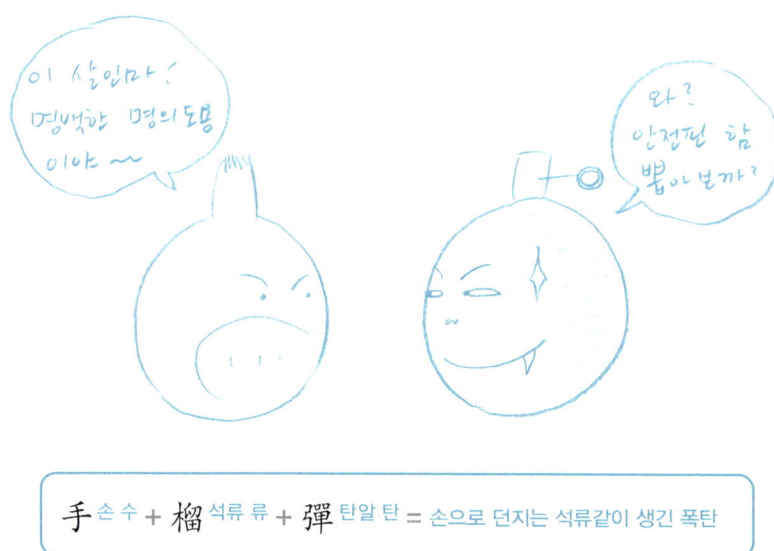

手 손 수 + 榴 석류 류 + 彈 탄알 탄 = 손으로 던지는 석류같이 생긴 폭탄

石榴는 완전히 익으면 표피가 불규칙하게 갈라져 그 속에 가득 찬 작은 종자들이 훤히 보입니다.

율곡 이이의 외조모이자 신사임당의 어머니인 이씨 부인이 당시 세 살이던 율곡에게 石榴를 가리키며 이것이 무엇이냐고 물었습니다.

이때 율곡이 7언시로 대답했다지요.

紅皮囊裏 碎紅珠
홍 피 낭 리   쇄 홍 주

연분홍 가죽 주머니 속 잘게 부서진 빨간 구슬들

율곡의 답변대로 石榴에는 많은 종자가 들어 있습니다. 그래서 예로부터 榴開百子 유개백자라 하여 혼례복인 활옷이나 원삼에 석류 무늬를 수놓아 다산을 기원했지요.

성경 역시 多産 다산을 복이라고 말합니다.
"젊은 자의 자식은 장사의 수중의 화살 같으니 이것이 그의 화살통에 가득한 자는 복되도다."

榴開百子 석류는 아들 백 명을 보게 한다

현재 우리나라는 출산율 저하가 심각한 사회문제로 대두되고 있습니다. 그래서 딩크^{DINK}족의 번성은 아쉽기만 합니다.

DINK族 (Double Income No Kids)

花石亭 화석정

林亭秋已晚
임 정 추 이 만
숲속 정자 위 가을은 깊어만 가고

騷客意無窮
소 객 의 무 궁
시인의 시상은 끝이 없다

遠水連天碧
원 수 연 천 벽
저 멀리 보이는 물은 하늘 닿아 푸르고

霜楓向日紅
상 풍 향 일 홍
해를 향한 늦가을 단풍 수줍게 얼굴을 붉힌다

山吐孤輪月
산 토 고 륜 월
산이 외로운 둥근 달을 토해 낼 때

江含萬里風
강 함 만 리 풍
강은 온 천지 바람을 머금는다

塞鴻何處去
새 홍 하 처 거
어디로 가나 변방 기러기

聲斷暮雲中
성 단 모 운 중
그 울음소리 저녁 구름 속으로 사라진다

* 율곡의 천재성을 보여 주는 시로 8세 때 지었다고 함

08 사막의 배

駱 낙타 락
駝 낙타 타

영어 camel | 중국어 骆驼 [luòtuo] | 일본어 駱駝 [らくだ]

사막을 삶의 기반으로 하는 고대 근동의 遊牧民^{유목민}들에게 낙타는 대체할 수 없는 운송수단일 뿐 아니라 직물(가죽, 털), 양식(고기, 젖), 연료(똥)까지 제공해 주는 귀중한 재산이었습니다.

그래서 낙타를 갖가지 장식물로 화려하게 치장시키기도 합니다.

낙타의 젖은 소의 젖보다 비타민C가 세 배나 많고 비타민B와 철분의 함유량도 훨씬 풍부하다고 알려져 있습니다.

조선왕실의 대표 보양식이었던 駝酪粥^{타락죽}은 찹쌀을 갈아서 우유를 넣고 끓인 것입니다. 글자 그대로 하면 낙타의 젖으로 만든 죽이라는 뜻이지만 낙타가 살지 않는 우리나라에서는 소젖으로 만들었습니다.

酪은 진한 유즙을 뜻합니다. 젖소 등을 길러서 그 젖으로 유제품을 만드는 산업을 酪農業^{낙농업}이라고 하지요.

극한의 더위와 추위, 거친 먹이, 거센 모래바람에도 굴하지 않고 많게는 200킬로그램이 넘는 짐을 지고 하루 50킬로미터를 거뜬히 이동하는 駱駝는 놀라운 집념과 강인한 의지를 지닌 동물입니다.

馬^{말 마}가 駱과 駝의 부수가 된 이유는 갈기며 긴 목, 갈라진 발 등 생김새가 말과 비슷하기 때문입니다.

遊牧 떠돌 유, 기를 목 ㅣ 酪 소젖 락

서울 성북구와 종로구의 경계를 이루는 인왕산 맞은편의 산을 駱山낙산이라고 부릅니다. 모양이 낙타 등처럼 생겼기 때문이지요.

하지만 신선도가 생명인 우유를 임금에게 빨리 공급하기 위해 경복궁 근처에 왕실 전용 목장을 낙산에 두었던 것으로 보아 酪山이 맞다는 주장도 있습니다.

48 　景福宮 경복궁　1395년(태조 4년)에 창건. 景福은 시경에 나오는 말로 왕과 백성들이 태평성대의 큰 복을 누리기를 축원한다는 뜻이다

사막에 서식하는 駝鳥^{타조}는 글자 그대로 낙타와 비슷한 모양의 새입니다. 영어로도 'camel bird'라고 하지요.

최악의 상황에서 그 진가가 드러나는 유연한 적응력,
급변하는 체내 온도와 극심한 수분 부족에도 흔들림 없는 자기 조절력,
모래 폭풍을 의연하게 뚫고 가는 엄청난 지구력과 방향 감각,
자신의 모든 것을 내어 주고 삶을 마감하는 희생정신….

풍요와 안락에 길들여진 유약한 현대인들에게 좋은 스승입니다.

單 홀 단 | 峯 봉우리 봉 | 雙 두 쌍/쌍 쌍

09　come back home!

歸 돌아올 귀
巢 둥지 소
本 근본 본
能 능력 능

영어 **homing instinct** ｜ 중국어 **归巢性** [guīcháoxìng] ｜ 일본어 **帰巣**[きそう]**本能**[ほんのう]

　학창 시절 제가 다녔던 학교에는 비둘기 집이 있었습니다. 어느 날 왕성한 번식력을 자랑하던 비둘기들의 개체수 **調節**조절을 위해 관리 아저씨께서 알과 새끼들을 꺼내서 버리는 것을 보고 어린 새끼 두 마리를 받아와 기른 적이 있습니다.

　물에 불린 콩만 먹고도 건강하게 자란 녀석들이 드디어 날기 시작했는데 참 신기한 것은 그렇게 멀리 날아가서도 때가 되면 어김없이 돌아온다는 것입니다.

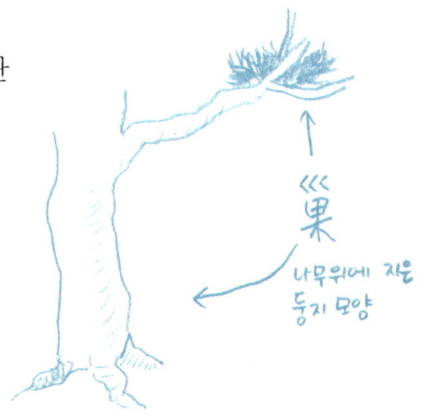

　이처럼 '동물이 먼 곳에 갔다가도 자기가 **棲息**서식했던 곳이나 둥지로 돌아

오는 타고난 성질'을 歸巢本能이라고 하는데 비둘기가 그 대표적인 동물입니다.

　지금은 비록 '닭둘기'라는 오명을 쓰고 도시의 천덕꾸러기로 전락했지만 구약성경 창세기 8장에 보면 대홍수 때 노아가 비가 그친 후 方舟^{방주:네모난 배}에서 땅의 물이 얼마나 빠졌나 보려고 날려 보낸 새가 비둘기입니다. 감람나무 잎사귀를 물고 돌아온 희망의 메신저였지요.

　사람들은 이 歸巢本能을 이용해 예로부터 비둘기를 통신수단으로 활용했습니다. 이런 용도로 훈련시킨 비둘기를 傳書鳩^{전서구carrier pigeon}라고 부릅니다.

鳩비둘기 구＝九아홉 구＋鳥새 조:비둘기 울음소리와 음이 같은 九와 鳥가 합쳐 비둘기를 나타내는 한자가 됨

　通信機能통신기능이 고도로 발달한 요즘에는 사람들이 競走用경주용 비둘기를 취미 삼아 키우기도 하지요.

　비둘기는 조류이면서도 특이하게 암, 수 모두 哺乳類포유류의 젖과 화학 성분이 비슷한 젖을 자신의 모이주머니 안쪽에서 생산하여 새끼에게 일주일 정도 먹입니다. 이것을 피존 밀크Pigeon Milk라고 부릅니다.

　아프리카와 중남미의 얕은 호수에 집단적으로 서식하는 紅鶴홍학, flamingo도 새끼를 기를 때 붉은빛의 젖flamingo milk을 먹이지요.

傳 전할 전 | 哺乳 먹일 포, 젖 유 | 競走 다툴 경, 달릴 주

비둘기는 성장 속도가 놀랍도록 빨라서 부화 후 2주 정도면 둥지를 떠납니다.

또 성격이 유순하면서도 적응력과 번식력이 매우 강합니다. 게다가 반경 1,600킬로미터에서도 정확히 집을 찾아오는 능력까지 갖추고 있지요. 이 모두 모유의 힘 아닐까요?

旺盛 왕성할 왕, 성할 성

觀察관찰

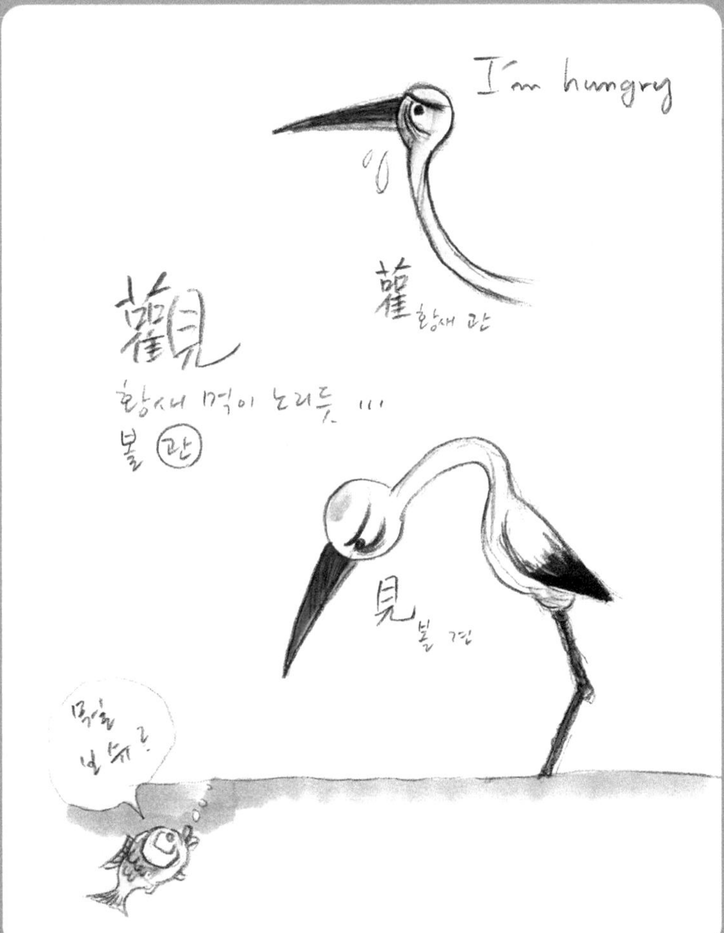

10 타 들어가는 모래 세상

沙 모래 사
漠 사막 막

영어 desert | 중국어 沙漠 [shāmò] | 일본어 沙漠 [さばく]

보통 일년에 강수량이 250밀리미터 이하인 곳을 沙漠이라고 합니다. 글자 그대로 물(氵)이 적은(少) 곳, 물(氵)이 없는(莫) 곳이지요.

과일 沙果^{사과}는 모래 성분이 많은 沙質壤土^{사질양토}에서 잘 자란다고 해서 붙은 이름입니다.

沙丘^{사구}는 모래 언덕을 뜻하고, 불이 났을 때 불을 끄도록 모아 둔 모래는 防火沙^{방화사}라고 합니다.

沙는 砂로 쓰기도 하는데 모래의 생성 과정을 보면 砂가 좀 더 과학적 원리를 담고 있습니다.

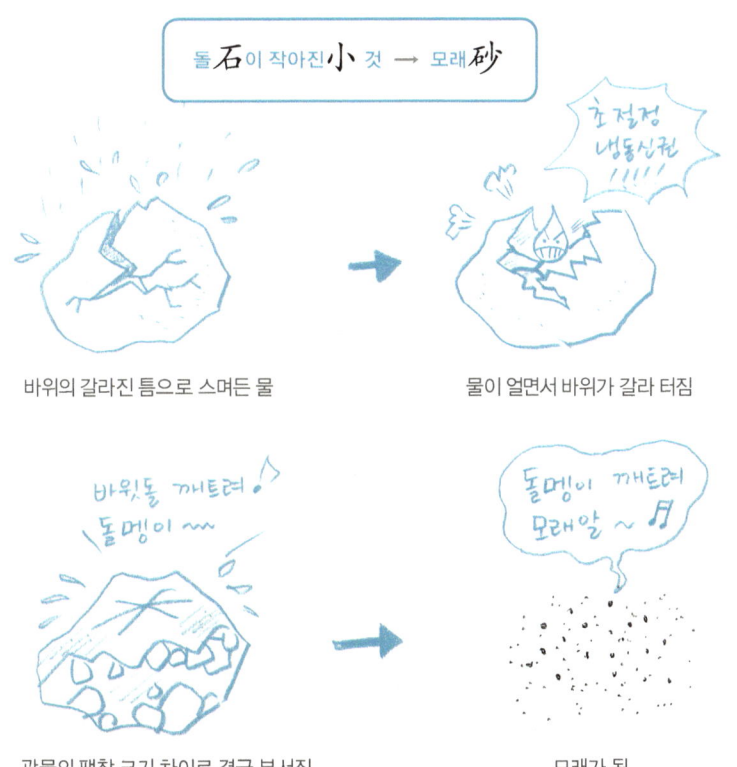

모래가 뭉쳐져서 단단하게 된 돌을 砂巖사암이라고 합니다.

沙漠은 다양한 형태로 존재하지만 대체로 강수량이 아주 적으며 일교차가 심하다는 공통점이 있습니다.

沙漠을 여행하는 사람들은 가끔씩 신기루라는 착시 현상을 경험하지요.

재미있는 것은 蜃氣樓신기루라는 말에 蜃이무기 신을 쓴다는 겁니다.

이것은 용이 되기 전의 동물인 이무기가 한번 입김(氣)을 뿜으면 그 입김이 퍼지면서 누각(樓)이 서 있는 모양을 이룬다고 해서 붙여진 이름입니다.

　해마다 전 세계적으로 600만 헥타르에 해당하는 공간이 사막으로 변한다고 합니다.

　이는 가뭄 같은 기후적 요인도 있지만 무분별한 벌채, 난개발, 환경 오염 등 인위적 요인이 더 심각합니다. 발굽 달린 메뚜기라고도 불리는 소 역시 사막화의 요인 중 하나입니다. 지나친 육식 선호가 빚어낸 어두운 현상이지요. 후손에게 빌려 쓰고 있는 지구의 건강을 생각한다면 햄버거 하나 앞에서도 의식 있는 소비를 해야 할 것입니다.

11 배로 걷는 각질족

爬 긁을 파

蟲 벌레 충

類 무리 류

영어 reptile | 중국어 爬行动物 [páxíngdòngwù] | 일본어 爬虫類 [はちゅうるい]

뱀처럼 몸이 건조한 각질로 덮여 있고 배 부분의 딱딱한 비늘을 세워 땅을 긁듯이 지나다니는 동물들을 爬蟲類라고 합니다.

뱀, 도마뱀, 악어, 거북류가 爬蟲類의 대표라고 할 수 있지요.

각각의 글자를 살펴보겠습니다.

爬 긁을 파 는 爪 손톱 조 가 부수입니다.

파충류의 각질 비늘은 사람의 손톱과 비슷한 것이니 꽤 재미있게 쓰인 글자이지요?

영국 생물학자 리처드 오언
Richard Owen, 1804-1892

乾燥 마를 건, 마를 조

▶ 아기 도롱뇽의 질문

蟲의 虫은 원래 똬리를 틀고 있는 뱀의 모양인데 초기엔 땅을 기는 모든 것들을 虫이라고 했습니다. 그러다 벌레와 뱀을 구분하기 위해 蟲벌레 충과 蛇뱀 사로 나눈 것이죠.

類는 米쌀 미에 犬개 견 그리고 頁머리 혈이 합해져서 식물, 동물, 사람이 다른 무리와 구별된다는 뜻이 되었습니다.

爬蟲類의 대표 선수라 할 수 있는 뱀은 치밀하게 사태를 파악하고 신중하게 움직이는 동물입니다.
쉴 새 없이 혀를 날름거려서 주위의 냄새를 모은 후, 위턱에 있는 후각기관으로 보내 물체를 감지합니다.

兩棲類 두 량, 살다 서, 무리 류:어릴 때는 물, 커서는 육지에서 서식하는 동물

뱀은 변화를 추구합니다.

매년 1회 이상 허물을 벗고 새 몸으로 갈아입습니다. 스스로 변화와 개혁을 도모하지요.

뱀은 훗날을 예비하는 동물입니다.

겨울잠(冬眠동면)을 자기 위해 미리 고단백 먹이를 섭취해 체내에 저장해 둡니다.

뱀은 유연한 동물입니다.

뼈가 있지만 마치 없는 것처럼 소리도 내지 않고 부드럽게 움직입니다. 그래서 위험을 비켜 가고 장애물을 피해 가지요.

그래서 성경은 뱀처럼 지혜롭게, 비둘기처럼 순결하게 살라고 권면합니다.

뱀과 같은 냉철한 상황 판단, 새하얀 비둘기 같은 순결한 도덕성 — 이것이 세상을 지혜롭게 사는 비결인가 봅니다.

12 땅 위에 내리는 구름의 선물

雨
비 우

영어 rain | 중국어 雨[yǔ] | 일본어 雨[あめ]

雨는 하늘을 덮은 먹구름 사이로 물방울이 떨어지는 모양을 본뜬 글자입니다.

그래서 雨가 들어가는 글자는 기후 변화와 관계가 깊습니다.

雪눈 설, 雲구름 운, 雷우레 뢰, 雹우박 박, 電번개 전, 震벼락 진, 霖장마 림, 霓무지개 예, 霜서리 상, 霞노을 하, 霧안개 무, 露이슬 로, 霹벼락 벽, 靂벼락 력 같은 글자들이 그 예입니다.

세계 문학사에서 가장 짧은 詩시 시로 꼽히는 하이쿠는 일본의 정형시입니다. 다음은 하이쿠의 거장 마쓰오 바쇼松尾芭蕉 1644-1694가 지은 하이쿠 중 가장 유명한 것입니다.

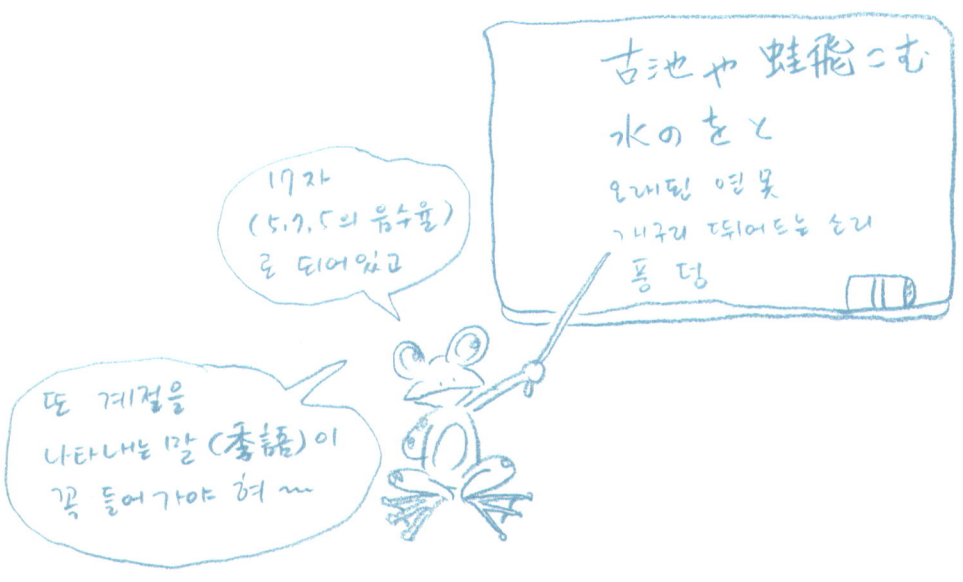

觀葉 볼 관, 잎사귀 엽 | 植物 심을 식, 만물 물

이 시의 장면을 묘사한 듯한 그림을 화투 한 장에서 볼 수 있습니다.

'바쇼'의 한자 표기는 잎사귀를 감상하려고 키우는 열대 觀葉植物^{관엽식물}인 芭蕉^{파초}와 같습니다.

아마 그림의 상부를 덮고 있는 넓은 잎사귀는 파초일 겁니다.

일명 '비광'이라고 불리는 이 그림에서 바쇼의 하이쿠를 떠올리는 이유는 또 있습니다. 그림풍마저 에도 江戸시대에 유행했던 목판화인 우키요에 느낌이 나는 것으로 보아 그 시대를 풍미했던 바쇼의 하이쿠를 묘사한 게 분명하다는 것이지요.

빈센트 반 고흐
Vincent van Gogh, 1853-1890

우키요에 에도시대에 성립된, 당대 사람들의 일상생활이나 풍경, 풍물을 그려 낸 풍속화의 형태를 말함

해양성 기후를 지닌 습윤한 섬나라인 일본은 세계에서 손꼽히는 多雨^{다우}국가입니다. 지역에 따라서는 년 강수량이 4,000밀리미터에 달하기도 한다지요.

일본어에는 계절별로 비를 표현하는 어휘가 엄청나게 많습니다. 이러한 기후가 일본인들의 감성과 사고에 지대한 影響^{영향}을 주었을 것입니다.

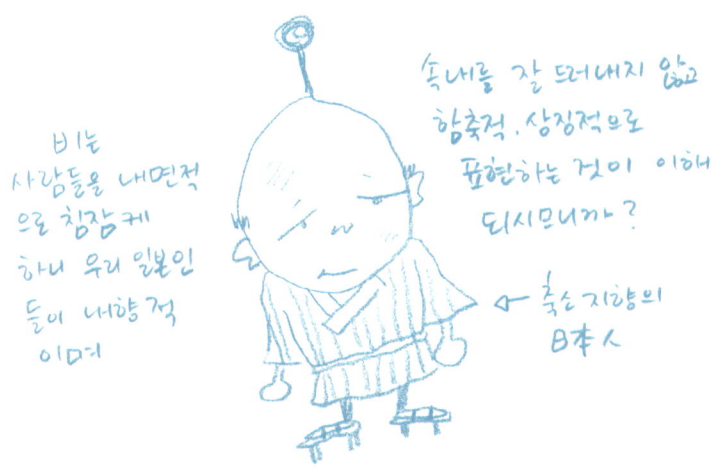

엄격한 형식 안에 함축되어 있는 무한한 여백과 찰나적 美의 명징함. 하이쿠는 속사포처럼 쏟아지는 多辯^{다변}의 세상에 내리는 한 줄기 시원한 소나기입니다.

이 소나기를 잠시 맞아 봅시다.

影響 그림자 영, 울릴 향 | 多辯 많을 다, 말씀 변 : 말이 많다

이 길이여
행인 하나 없는데
저무는 가을 (바쇼)

흰 매화향에
하얗게 날이 새는
밤이 오누나 (부손)

여윈 정강이
부둥켜 안고 있네
오동잎 하나 (잇싸)

겨울 바람이여
맨 땅에서 날 저무는
거리의 광대 (잇싸)

무지개를 토하고
막 피어나려는
모란이여 (부손)

파를 하얗게
씻어서 쌓아놓은
매운 추위여 (바쇼)

봄 눈 녹아서
온 마을 가득한
아이들 소리 (잇싸)

바쇼(芭蕉)는 부손(蕪村), 잇싸(一茶)와 함께 하이쿠 3대 시인입니다

위의 하이쿠는 「월간 신동아」에서 재인용

騷音소음

13 신선의 손바닥

仙人掌

신선 선

사람 인

손바닥 장

사실 선인장 종류 중에 사막에서 사는 것은 소수란다 리야~

영어 cactus | 중국어 仙人掌 [xiānrénzhǎng] | 일본어 仙人掌 [さぼてん]

　강한 줄기를 피우고, 화려한 잎들을 거두어 사막 한가운데서도 살 수 있는 식물인 仙人掌. 仙人掌의 영어 이름인 cactus의 라틴어 어원은 '모자'라는 단순한 뜻이라고 하는데 둥근 모양 선인장을 묘사한 것으로 보입니다. 그러나 한자 이름은 '신선의 손바닥'이라는 뜻을 품고 있지요. 道家^{도가}적인 분위기가 물씬 풍기는 이름입니다.

　仙人掌은 지금까지 알려진 종류만 해도 2천 개가 넘고 모양도 매우 다양합니다.
　제주도 한림읍 월령리에는 우리나라에서 유일한 선인장 자생지가 있습니다.

掌 손바닥 장, 위로 향한(尙) 손(手)이므로 손바닥을 뜻함

200여 년 전, 아메리카 대륙에서 해류에 밀려 건너와 한림해안에 뿌리내린 仙人掌들은 손바닥을 닮은 모양이었습니다. 그래서 '손바닥 선인장'이라고 불리게 되었지요.

손바닥 선인장은 열매의 약효가 뛰어나 먹으면 장수한다고 해서 百年草^{백년초}라고도 합니다.

仙人掌은 잎을 내지 않기 때문에 수분의 蒸散^{증산}이 적습니다. 氣孔^{기공:숨구멍}이 매우 작고, 몸에 많은 물을 저장해 두니, 생존에 필수인 물이 부족해도 거뜬히 살아가지요.

이런 당당한 모습에서 고독한 제왕의 모습을 떠올린 사람들은 霸王樹^{패왕수:천하의 패권을 잡은 군왕 같은 나무}라고도 불렀습니다.

조물주께서 이 세상에 仙人掌을 두신 이유는 아무리 세상이 메말라도 枯死^{고사}하지 말고 당당하게 살아가라는 가르침을 주시려는 것 아니었을까요?

그래서인지 가시투성이 仙人掌이 피워 내는 꽃은 그 어떤 초목의 꽃보다도 찬연합니다.

蒸散 찔 증, 흩어질 산:물이 수증기가 되어 밖으로 배출되는 현상

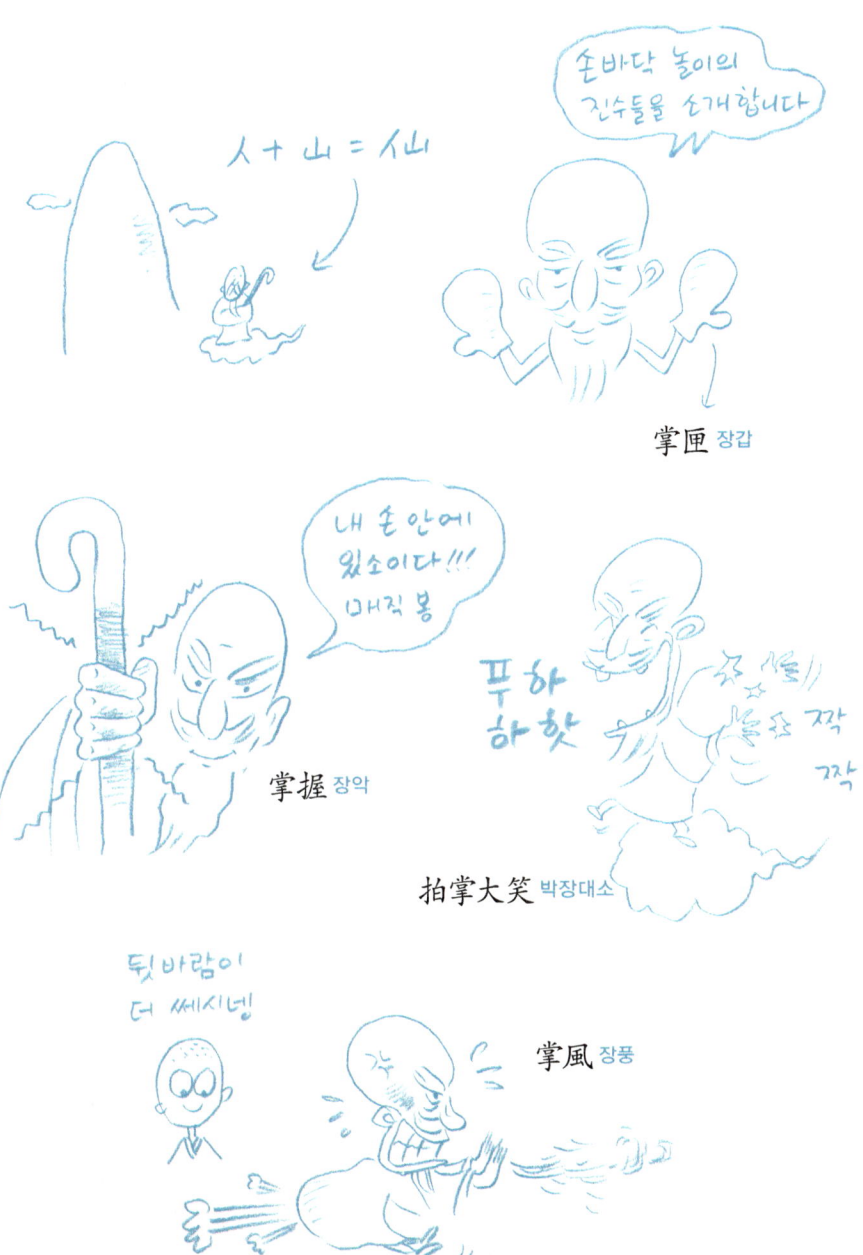

拍 칠박 | 笑 웃음소 | 握 쥘악

한자, 인간다운 삶을 노래하다 **2**

人間

14 자선으로의 초대장

饑 주릴 기

餓 주릴 아

영어 famine | 중국어 饥饿 [jī è] | 일본어 飢餓 [きが]

굶주림을 뜻하는 饑餓의 부수는 당연히 食먹을식입니다. 食은 왼쪽에 가서 부수가 될 때 飠으로 변형됩니다.

시장기를 겨우 면할 정도로 적게 먹는 것을 療飢요기, 흉년으로 양식이 없어 굶주리는 것을 饑饉기근, 또 굶어죽는 것을 餓死아사라고 합니다.

모두 食이 부수로 쓰였지요.

饑餓가 심해지면 棄兒기아:아이를 버림 현상이 나타나기도 합니다.

莊子장자 外物외물 편에 이런 이야기가 나옵니다.

장자가 생활고로 어려움을 겪다가 하루는 친구 감하후에게 가서 먹을 것을 빌리고자 했습니다. 그러자 감하후가 말했다지요.

療 병고칠 료 | 飢 = 饑 주릴 기 | 饉 흉년들 근

이 이야기에서 곤궁한 처지나 다급한 위기를 비유하는 涸轍鮒魚
학철부어:수레바퀴 자국의 고인 물에 있는 붕어라는 고사성어가 나왔습니다.

지금 북한에서는 80년 만의 흉년이라는 말이 전역에 돌고 있습니다. 동시대를 살아가는 동족으로서 무엇을 언제 해야 하는지 분명해 보입니다.

"네 손이 선을 베풀 힘이 있거든 마땅히 받을 자에게 베풀기를 아끼지 말며 네게 있거든 이웃에게 이르기를 갔다가 다시 오라 내일 주겠노라 하지 말며." - 구약성경 잠언 3장 중에서

"풍요가 넘쳐나는 행성에서 매일 10만여 명이 饑餓로 인한 질병으로 죽어 간다. … 변화된 의식은 지구상의 모든 사람들이 충분한 식량을 확보하고 인간다운 삶을 누리기를 원한다.
饑餓로 인한 죽음은 참으로 끔찍한 반인간적인 범죄이다.
다른 사람의 아픔을 내 아픔으로 느낄 줄 아는 유일한 생명체인 인간의 의식변화에 희망이 있다."
- 『왜 세계의 절반은 굶주리는가』 서문 중에서

이웃의 굶주림은 우리의 수치입니다.

우리말인 붕어도 한자어인 鮒魚가 어원입니다.
이처럼 한자어에서 나온 우리말이 생각보다 많습니다.

잉어 ← 리어(鯉魚 잉어 리, 물고기 어)
과녁 ← 관혁(貫革 꿸 관, 가죽 혁)
김치 ← 침채(沈菜 잠길 침, 나물 채)
조용 ← 종용(從容 따를 종, 얼굴 용)
잠깐 ← 잠간(暫間 잠시 잠, 사이 간)
서랍 ← 설합(舌盒 혀 설, 그릇 합)
배추 ← 백채(白菜 흰 백, 나물 채)
성냥 ← 석유황(石硫黃 돌 석, 유황 유, 누를 황)
처마 ← 첨아(檐牙 처마 첨, 어금니 아)
낙지 ← 락제(絡蹄 얽을 락, 발굽 제)
지렁이 ← 지룡(地龍 땅 지, 용 룡)
옥수수 ← 옥촉서(玉蜀黍 구슬 옥, 촉나라 촉, 기장 서, 蜀黍는 수수를 가리킴)
감자 ← 감저(甘藷 달 감, 고구마 저)
술래 ← 순라(巡邏 돌 순, 순행할 라:도둑, 화재 등을 경계하기 위해 밤에 사람의 통행을 감시하던 군졸)
가난 ← 간난(艱難 어려울 간, 어려울 난)
가게 ← 가가(假家 빌릴 가, 집 가)
천둥 ← 천동(天動 하늘 천, 움직일 동)

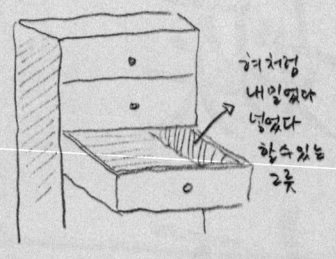

15 나보다 잘난 건 못 봐 줘

嫉 시새울 질

妬 샘낼 투

남자들이 글자를
개정하는 그날까지
여자들이여
청원하라 !!!

C中 양성평등주의자
박OO 양 (현 14세)이
개정청원한 한자

男疾

영어 Jealousy | 중국어 嫉妒 [jīdū] | 일본어 嫉妬 [しっと]

女계집 녀가 들어가는 한자들 중에는 부정적인 의미를 담고 있는 경우가 많습니다. 당시 여성에 대한 사회적 인식이 반영된 것이겠지요.

이런 글자들 중 단연 압권은 嫉과 妬가 아닐까 싶군요.
嫉妬란 한자어를 분석해 보면 다음과 같습니다.

유대인들의 속담에 이런 말이 있습니다.

"嫉妬는 천 개의 눈을 가지고 있지만 그중 한 개의 눈도 올바로 보이지 않는다."

구약성경 잠언 27장에는 이런 구절도 있습니다.

"忿^분은 잔인하고 怒^노는 창수 같거니와 妬忌^{투기=질투} 앞에야 누가 서리요."

이때 妬忌란 사르는 불과 같이 파괴적인 폭력성을 띤 격한 감정으로, 분노도 견뎌내기 힘든 것이지만 嫉妬는 더욱더 그러하다는 말입니다.

17세기 프랑스의 모럴리스트였던 라 로슈프코^{La Rochefoucauld}는 증오보다도 더 화해가 어려운 게 嫉妬라고 했습니다.

嫉妬의 폐해를 극복할 수 있는 힘은 겸손입니다.

겸손하면 남을 나보다 낫게 여기고 남의 잘됨을 기쁨으로 여길 수 있습니다. 겸손한 사람은 언제 어디서나 그 얼굴이 해처럼 빛납니다.

모럴리스트 인간성에 대한 성찰을 잠언집이나 에세이로 남긴 프랑스 작가들

16 내 사전에 후퇴란 없다

豬 멧돼지 저
突 부딪칠 돌

영어 daredevil | 중국어 鲁莽[lǔmǎng] | 일본어 猪突[ちょとつ]

'저 사람 참 豬突적이다'라고 표현하는 경우가 있습니다. 저돌이라는 말을 만들어 낸 사람은 멧돼지의 습성을 흥미롭게 보았나 봅니다. 멧돼지는 어떤 상황에서도 물러설 줄 모르는 용맹한 들짐승입니다.

'豬突' 하면 전설적인 권투 선수 조 프레이저1944- 가 떠오릅니다.

豬는 豕돼지 시에 者놈 자가 합쳐진 글자입니다. 豕가 뜻을, 者가 음을 맡은 것이지요. 사람들이 즐겨 먹는 제육볶음이라는 음식도 豬肉저육에서 나온 말입니다.

豬가 야생 멧돼지를 말한다면 豚돈은 가축으로 길들인 돼지를 말

習性 익힐 습, 성품 성

합니다.

家집가를 보면 우리나라 제주도의 토종돼지인 일명 '똥돼지'처럼 돼지를 집 안에다 키웠던 역사가 반영되어 있습니다.

돼지는 고기를 제공했을 뿐 아니라 음식 부산물이나 사람의 배설물도 먹어 치우고 집 안으로 들어오는 해충이나 뱀 같은 것도 잡아먹었기 때문에 귀한 대접을 받았던 것이지요.

豬는 속자로 猪라고 쓰기도 합니다.

西遊記서유기에 나오는 저팔계의 성이 猪인 것이 이해가 되시죠?

'약자'는 단순히 자획이 간략화 된 글자만을 뜻하지만, '속자'는 본래의 글자와 모양이 완전히 다른 글자까지 포함하며 자획이 늘어나는 경우도 있다

突은 穴^{구멍 혈}에 犬^{개 견}을 합쳐서 쫓기던 개가 컴컴한 굴로 급하게 뛰어들다 벽에 부딪힌다는 의미로 부딪치다, 갑자기 튀어나오다 등의 뜻으로 쓰입니다.

그래서 豬突이란 '멧돼지(豬)처럼 좌우를 살핌 없이 막무가내로 돌진함(突), 또는 실행함'을 뜻합니다.

멧돼지는 적과의 싸움에서 결코 물러서는 법이 없습니다. 게다가 성격이 포악하고 육중한 몸이면서도 민첩하며 고성능 감각기관들을 고루 갖추고 있어서 호랑이 외에는 천적이 없습니다.

英雄豪傑^{영웅호걸}이라고 할 때 豪^{호걸 호}를 보면 高^{높을 고}와 豕^{돼지 시}가 합쳐져 있습니다. 가파르게 높은 산등성이나 절벽 같은 데를 기운차게 뛰어올라가는 멧돼지의 모습을 보며 호걸이라는 뜻을 생각해 낸 것이지요.

天敵 하늘 천, 대적할 적

하지만 이 무결점의 파이터는 이런 물러설 줄 모르는 성향 때문에 치명적인 위험에 빠지기도 합니다.

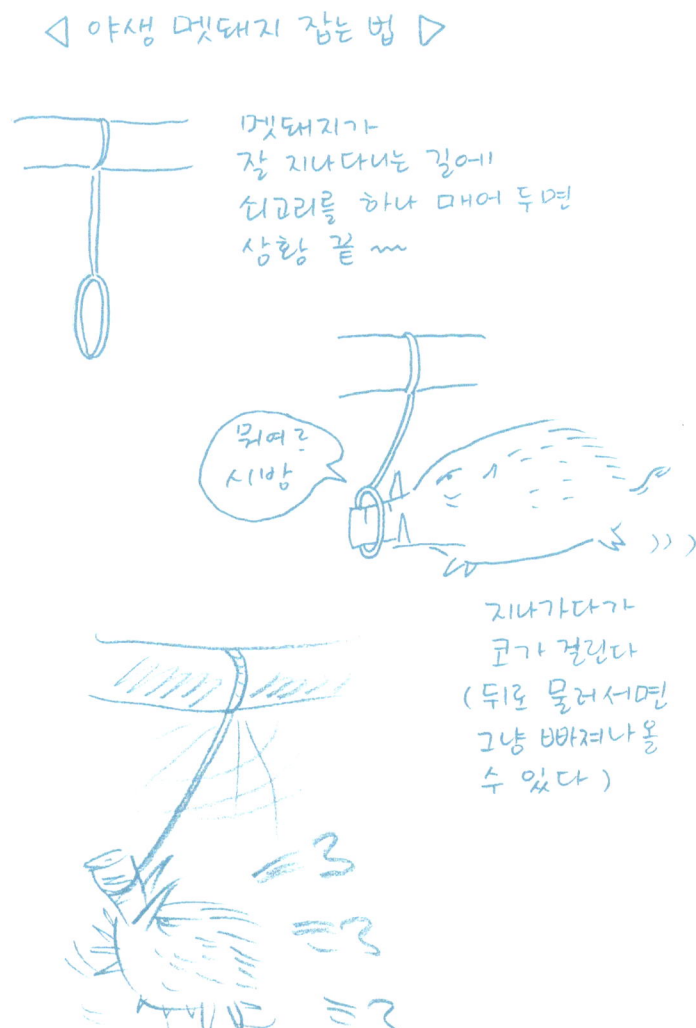

자동차에는 후진기어가 있습니다.

아무리 견고한 차체에 첨단장치와 터보엔진을 장착했다 할지라도 후진기능이 없다면 불편한 것은 물론 목숨을 잃을 수도 있습니다.

인생에 있어서도 때론 겸손히 물러설 줄 아는 지혜가 필요합니다.

福生於淸儉하고 복은 청렴함과 검소함에서 생겨나고
복 생 어 청 검

德生於卑退라 덕은 자신을 낮추고 겸손히 물러서는 데서 생긴다
덕 생 어 비 퇴

— 명심보감(明心寶鑑) 중에서

淸 맑을 청 | 儉 검소할 검 | 卑 낮을 비 | 退 물러날 퇴

西遊記 서유기

명나라 때 오승은(吳承恩)이 지은 중국의 4대 기서(奇書) 중 하나.
당나라 승려 현장(玄奘)이 서쪽의 인도(西)를 유람(遊覽)하고 돌아온 이야기를 바탕으로 지은(記) 소설.
손오공, 저팔계, 사오정이 삼장법사를 보호하며 어려움을 무릅쓰고 천축(天竺: 인도의 옛 이름)에 이르러 무사히 불경을 가지고 돌아온다는 내용.

三藏法師
불교의 세 경전에 능통한 현승을 '삼장법사'라고 부름

如意棒
마음먹은 대로 할 수 있는 방망이

孫悟空
일체 만물이 공함을 깨달음(悟)

八戒 8계
속세에 있으면서 불교 신자들이
지켜야 하는 8가지 계율.
살인 X, 절도 X, 음행 X, 거짓말 X, 사치 X, 가무 X,
잘 꾸민 평상에 앉지 X, 때가 아니면 먹지 X.

沙悟淨
모래 하천에 살던 괴수라 성이 沙임.
맑디맑은(淨) 본디 마음을 깨달음(悟)

淨 깨끗할 정

17 요행을 노리고 쏜다

射 倖
쏠 사
요행 행

영어 speculation | 중국어 赌博行为 [dǔbóxíngwéi] | 일본어 射幸 [しゃこう]

射는 활시위에 화살을 메기는 모양을 본뜬 글자입니다. 그래서 '화살이 몸에서 떠나 사물에 닿다' 즉 쏘다, 맞히다의 뜻을 지니게 되었습니다.

反射^{반사}, 發射^{발사}, 射擊^{사격}, 注射^{주사} 같은 말에 쓰입니다.

倖은 人에다 幸^{다행 행}을 합친 글자로 요행을 뜻합니다.

따라서 射倖이란 말은 요행(倖)을 노리는(射) 것이고, 그런 것을 기대하는 마음을 射倖心^{사행심}이라고 하지요.

反 되돌릴 반 | 發 쏠 발 | 擊 부딪칠 격 | 注 물댈 주 | 僞 거짓 위

    한동안 세상을 들끓게 만들었던 '射倖性 게임' 사건은 많은 시사점을 던져 줍니다. 우리나라와 같은 자본주의 사회에서 국가는 이런 부분에 대해 대체로 이중적 태도를 보입니다.

    불법 도박을 제도적으로 막고 국민을 계도해 나가는 주체인 한편, 재정난 타개를 위해 손쉬운 자본 확보 차원에서 競馬경마, 競輪경륜, 競艇경정, 福券복권 등 이른바 레저산업이라는 미명 아래 사행 산업들을 직·간접적으로 운영하기도 합니다.

    이런 정부 차원의 방조 내지 밀어주기는 射倖 산업을 거대한 공룡으로 키워 놓아 심각한 사회적 위기를 초래하고 있습니다.

문제는 각종 射倖 산업에 빠져드는 계층이 주로 저소득층이라는 데 있습니다. 게다가 저소득층을 위해 사용되는 금액은 아주 적습니다. 로또만 하더라도 보건복지부를 통해 저소득층을 위하여 쓰이는 금액은 겨우 5%밖에 안 된다고 합니다.

고소득층에게서 세금을 거둬 사용해야 할 곳에 저소득층에서 거둔 수익금이 쓰이는 것입니다.

부자 되는 것이 至高^{지고}의 가치로 인식되고 가난한 자들은 무시당하는 현실에 장기적인 불황까지 겹치다 보니 저소득층은 희망을 잃었습니다. 僥倖數^{요행수}로 '인생 대역전'을 꿈꿀 수밖에 없는 현실이 가슴 아픕니다. 우리 사회가 속히 희망을 이야기할 수 있는 사회로 회복되기를 바라면서 라틴 아메리카인들의 기도를 드려 봅니다.

"O God, to those who have hunger give bread and to us who have bread give the hunger for justice"

오 하나님!
굶주린 자에게 빵을 주시옵고
빵을 가진 우리를 공의에 주리게 하소서

18 무쇠팔 만들어 주는 도구

啞 벙어리 아
鈴 방울 령

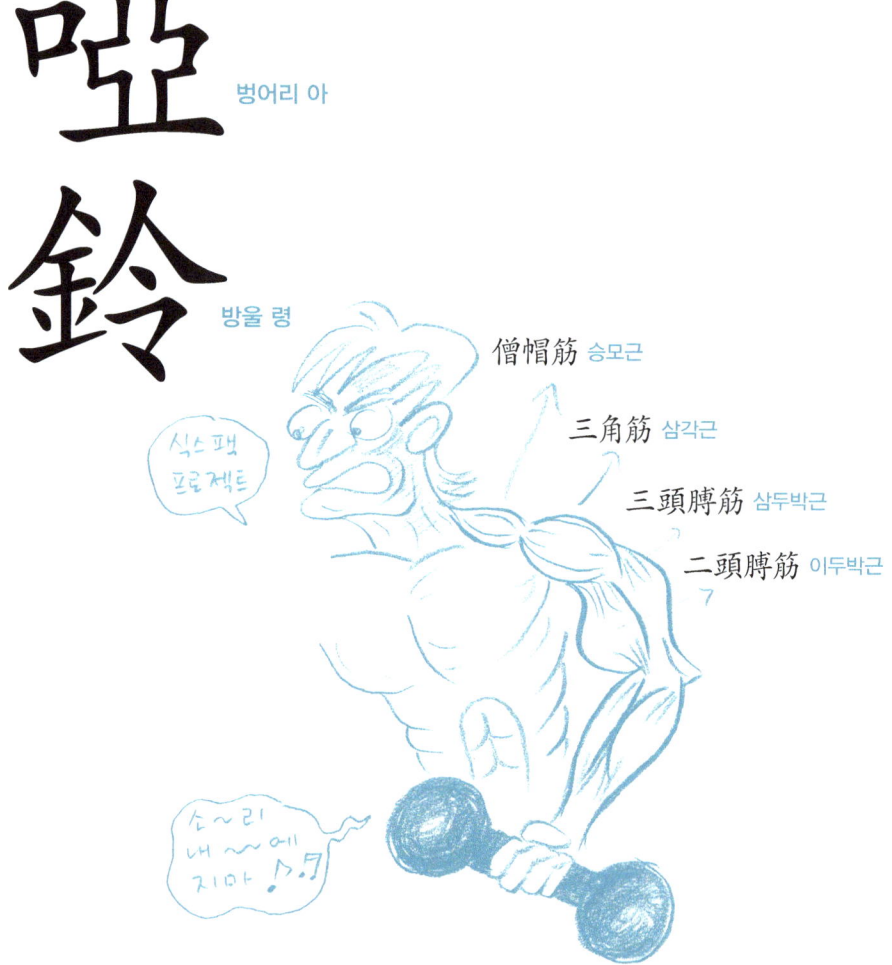

영어 **dumbbell** | 중국어 **哑铃** [yǎlíng] | 일본어 亜鈴 [あれい]

아령에 해당하는 영어인 dumbbell은 영국 튜더^{Tudor} 왕조의 무사들이 교회의 鐘^종을 가지고 상체와 팔 근육을 단련시킨 데서 나온 말입니다. 당시의 종 무게는 1온스(약 30그램)부터 다양했기 때문에 운동기구로 활용하기 좋았습니다.

그런데 종에는 내벽을 때려 소리를 나게 하는 추(錘)가 달려 있기 때문에 시끄럽지요. 해서 사람들은 그 추를 제거하고 사용하였습니다. 벙어리를 뜻하는 dumb에 종을 나타내는 bell이 합쳐진 아령이라는 단어는 그런 배경에서 탄생한 것입니다.

錘 저울추 추

이름은 바뀌지 않았지만 기구의 모양은 계속해서 여러 가지 형태로 변했습니다.

중국이 근대에 들어 서양과 교류하면서 이 용어를 한자어로 바꾸려 했을 당시에는 지금의 아령과 거의 비슷한 모양이었습니다.

쇠붙이 몸에 양끝이 둥글었지요.

그래서 종 대신에 鈴방울 령을 사용해 이름을 짓게 된 것입니다.

筋肉근육은 힘줄과 살입니다.

筋은 '몸(月)이 힘(力)을 낼 수 있도록 해 주는 조직(竹)'이란 뜻입니다. 힘줄을 나타내는 글자에 竹대나무 죽이 부수라는 것이 조금 의아하지요?

근육을 자세히 확대해 보면 두꺼운 '근섬유 다발'로 이루어져 있습니다. 그러니 섬유질 함유량이 가장 많은 나무로 알려져 있는 대나무(竹)가 들어가는 건 당연합니다.

고대 로마의 대표적인 풍자 시인인 유베날리스는 부패와 타락으로 치닫고 있으면서도 신체단련에만 열중하는 사회의 모습을 시를 지어 꼬집었습니다.

그 시의 일부가 '건전한 정신은 건강한 신체에 깃든다'라는 의미로 지금도 자주 인용되고 있지만 실상은 이러합니다.

중국에서는 판다를 그 생김새대로 雄猫(xiōngmāo 곰 웅, 고양이 묘)라고 부른다

유베날리스
Decimus Junius Juvenalis, 50?-130?

    신체를 강하게 단련시키는 것은 매우 바람직한 것이지만 신체가 건강해야만 반드시 정신이 건강해지는 것은 아닙니다.

    역사적으로 볼 때 신체적으로 볼품이 없거나 장애를 안고 살면서도 위대한 정신을 보여 준 인물들이 많았다는 게 그 증거입니다.

    신체와 정신이 함께 발전하는 사회가 진짜 건강한 사회입니다.

쉬어가는 페이지

海王星해왕성

19 재기발랄한 상상력

獵 사냥 렵
奇 기이할 기

영어 bizarreness | 중국어 猎奇 [lièqí] | 일본어 猟奇 [りょうき]

제가 있는 학교에서 들을 수 있는 언어는 국어, 영어, 중국어 그리고 현지어가 있습니다.

여기서 '현지어'란 某아무 모 현지 양이 구사하는 1인 전용 고유어를 말하는데요, 현지어 회화 예문을 몇 가지 소개합니다.

　자신만의 전용어를 훌륭히 정착시킨 현지 양을 친구들은 獵奇的이라 표현합니다.

　자연이 훼손되지 않아 서식하는 동물이 다양했던 옛날, 사냥은 보편적인 일상이었습니다. 獵의 쓰임새도 그만큼 다양했지요.

狩獵 수렵 : 온갖 연장을 가지고 새나 짐승을 포획하는 일
川獵 천렵 : 냇물에서 하는 고기잡이

獵은 먹이를 얻는 활동에만 쓰인 것이 아닙니다.

많은 책을 널리 읽거나 여기저기 찾아다니며 경험함을 이를 때 '두루 涉獵섭렵했다'는 표현을 씁니다. 사냥을 하기 위해서 산을 넘고 물을 건너는 사냥꾼의 모습에 빗댄 말입니다.

奇는 괴상하다, 기이하다는 뜻입니다.

奇特기특, 奇異기이, 奇妙기묘, 奇蹟기적에 공통으로 사용되는 글자이지요. 그림과 함께 익히면 오래 기억할 수 있을 겁니다.

獵師 엽사: 사냥꾼을 높여 부르는 말
獵銃 엽총: 사냥총

　獵奇는 본래 '기괴하고 이상한 일에 흥미를 느끼거나 즐기는 현상'을 이르는 개념이었는데 새천년 들어 기존의 섬뜩한 뜻에서 벗어나 다양한 의미로 사용되고 있습니다.
　현지처럼 독특하고 개성 있고 재미있는 사람이나 현상을 나타내는 말로 자리하게 되었지요.

　獵奇라는 말이 좋은 이미지로 통용되는 요즘 세상, 참 獵奇的이라고 생각하는 사람들도 있지만 사전적 정의를 바꿔야 할 만큼 재기발랄한 창조적 상상력을 뿜어 대는 젊은 친구들이 그저 좋아 보이기만 합니다.

"획일화된 기성문화의 고루함에서 탈출을 감행하는 비주류 신세대 문화의 총합 이라고나 할까 흥흥흥"

20 영혼이 진정으로 자유로워지는 법

容 용납할 용
恕 용서할 서

영어 forgiveness | 중국어 宽恕 [kuānshù] | 일본어 容赦 [ようしゃ]

孔門十哲공문십철, 즉 공자의 가장 뛰어난 제자 10명 중 한 사람인 子貢자공이 어느 날 공자에게 이렇게 물었습니다.

그러자 공자는 한 글자로 답했습니다.

己所不欲 勿施於人
기소불욕 물시어인

자기가 하고 싶지 않은 것을
다른 사람에게 시키지 않는 것이지

恕는 공자의 사상을 한 글자로 함축해 보여 주는 말로서, 세상 만사를 자기의 마음과 같이 받아들이는 것을 뜻합니다.

남을 자기처럼 이해하고 대하는 것이야말로 공자가 지향했던 이상 사회의 덕목인 仁의 처음이자 끝인 것이지요.

恕는 如같을 여에 心마음 심을 더한 글자입니다.

그래서 진정한 容恕란 용서하는 사람이 자신에게 잘못한 사람의 마음과 같아지는 것이지요. 그것은 바로 처지를 바꾸어 놓고 생각할 줄 아는 易地思之역지사지의 정신에서 나옵니다.

비슷한 말로 推己及人 추기급인:나로 미루어 남에게 미친다이 있습니다. 처지를 바꿔 생각해 보고 내가 싫은 것을 남에게 강요하지 않는다는 뜻입니다.

예수는 한걸음 더 나아가 원수를 사랑하라고까지 가르쳤지요.

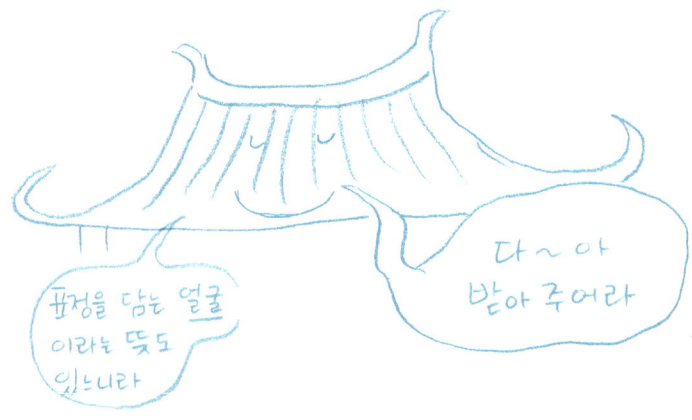

　容은 집(宀) 안에 골짜기(谷)처럼 넓은 공간이 있어서 담다는 뜻을 나타냅니다. 受容수용, 容納용납, 許容허용, 寬容관용 등의 낱말을 보면 容의 의미를 보다 확실히 알 수 있습니다.

　容恕는 증오와 반목, 질시가 횡행하는 요즘 시대에 가장 절실히 요청되는 덕목이라 할 것입니다.

21 우리 몸에서 가장 단단한 조직

齒 이 치

牙 어금니 아

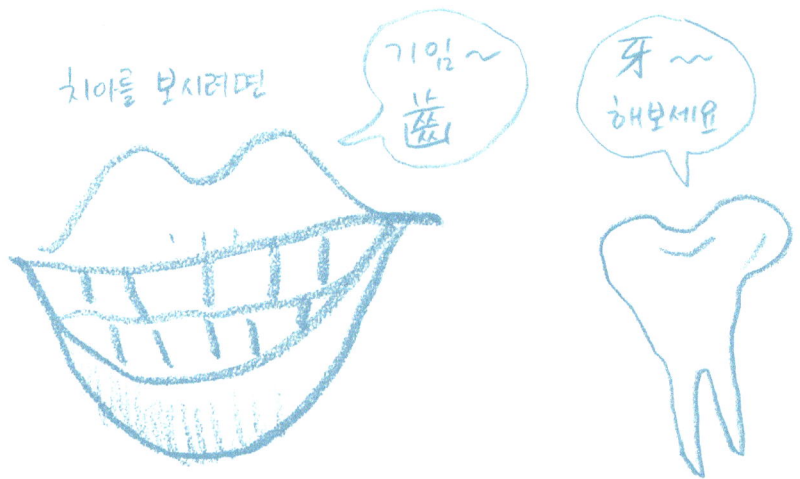

영어 tooth ㅣ 중국어 牙齿 [yāchǐ] ㅣ 일본어 歯牙 [しが]

齒는 입술과 앞니의 모양을 본뜬 글자이고
牙는 어금니의 모양을 본뜬 글자입니다.

그래서 앞니가 계속 자라는 쥐는 齧齒類설치류이고
코끼리의 어금니는 象牙상아라고 합니다.

상아는 썩지 않는 성질과 아름다운 빛, 조각하기 쉬우면서도 강한 내구성 때문에 예술품 재료로 예로부터 각광을 받아 왔습니다.

象 코끼리 상 | 牙 어금니 아 | 齧 물다 설

유럽 제국주의 국가들이 아프리카를 식민지화하고 수탈할 당시 상아는 굉장히 중요한 품목이었습니다. 그래서 1989년 상아 무역이 금지되기 전까지 엄청난 수의 코끼리들이 희생을 당했지요.

세계적인 축구선수 디디에 드로그바의 출신국이 코트디부아르 Cote d'Ivoire:공용어인 프랑스 발음인데 영어권에서는 아이보리 코스트 ivory coast:상아 해안라고 부릅니다.

상아 거래의 중심 지역이었던 곳이라 붙여진 이름입니다. 아프리카의 슬픈 역사가 서려 있는 지명이지요.

老子노자는 스승이었던 商容상용이 늙고 병들어 죽게 되었다는 소식을 듣고 스승을 찾아갔습니다.

根本 뿌리 근, 근본 본

理致 다스릴 이(리), 이를 치

부드러움이 딱딱함보다 오래 남듯이 사랑이 폭력보다, 용서가 보복보다 강합니다. 생명이 있는 것들은 부드럽고 죽은 것들은 딱딱한 법입니다.

天下莫柔弱於水而攻堅强者
천 하 막 유 약 어 수 이 공 견 강 자

천하에 물보다 부드럽고 약한 것은 없으나

莫之能勝 以其無以易之
막 지 능 승   이 기 무 이 역 지

단단하고 강한 것을 물리치는 데는 물을 이길 만한 것이 없으니 물의 쓰임을 대신할 게 없는 까닭이다

— 노자, 도덕경(道德經) 78장

道德經도덕경　노자가 주나라의 쇠퇴를 한탄하며 서방(西方)으로 떠나던 중 관문지기의 요청으로 써 준 책이다. 도가사상의 효시로 일컬어진다

22 잘 먹고 잘 싸자

排
밀어낼 배

泄
샐 설

영어 elimination | 중국어 排泄 [pàixiè] | 일본어 排泄 [はいせつ]

생물체가 영양을 섭취하고 그 찌꺼기를 몸 밖으로 내보내는 일을 排泄배설이라고 합니다.

글자 그대로 안에서 밖으로 밀어내(排) 새어 나가게(泄) 하는 생리 작용입니다.

오줌은 한자로 尿뇨입니다. 사람의 몸과 관련이 되는 尸주검 시에 水물 수가 합해졌습니다. '혈액 속의 노폐물과 수분이 신장에서 걸러져 방광 속에 괴어 있다가 요도를 통하여 몸(尸) 밖으로 내보내지는 물(水)'을 뜻하게 되었죠.

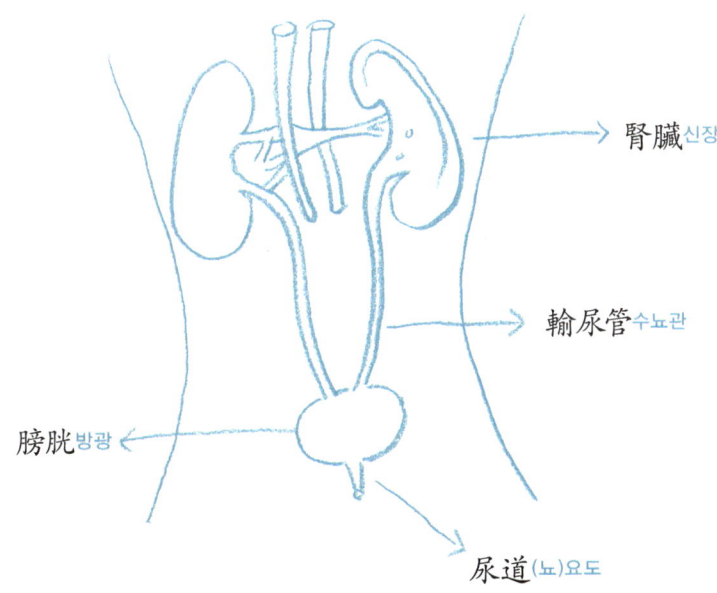

臟 내장 장 | 輸 실어낼 수 | 管 대롱 관

참고로 똥은 糞^분입니다.

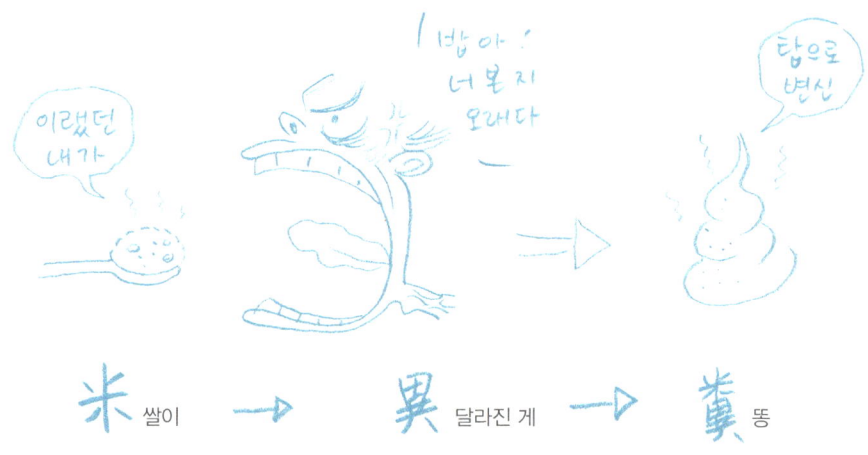

米 쌀이 → 異 달라진 게 → 糞 똥

같은 뜻으로 屎^{똥 시}가 있습니다.

사찰에서는 화장실을 解憂所^{해우소}라는 멋진 용어로 부릅니다.
解^{풀 해}는 角^{뿔 각}, 刀^{칼 도}, 牛^{소 우}가 합쳐진 말로, 소를 칼로 잘라 여러 부분으로 나눈다는 뜻입니다.
憂^{근심 우}는 마음(心)을 뒤덮고(冖) 있어 힘없이 걸어가게(夂) 만드는 근심을 뜻하지요.
이들 말에 所^{곳 소}가 합쳐졌으니 해우소는 모든 근심을 풀어내는 곳이란 뜻입니다.

잘 먹고 잘 排泄하는 것은 인간의 가장 원초적인 바람입니다.

제대로 된 먹을거리는 인간 존엄성에 대한 실천이자 자연과 공존하는 방법입니다.

예전엔 사람의 똥, 오줌도 다 거름으로 사용했습니다. 땅에서 자라난 걸 먹고, 똥오줌으로 땅에다 보답하였던 것이지요. 하지만 재래식 화장실이 수세식으로 바뀐 지금 사람들은 똥, 오줌을 혐오스럽게 여기고 땅에게 화학비료만 뒤집어씌웁니다.

　땅이 건강해야 건강한 농작물을 생산하고 그 농작물을 소비하는 사람들도 건강해지는 법인데 호텔방같이 만들어져 가는 우리나라 곳곳의 화장실을 보면 좋다가도 문득 염려스러운 마음이 듭니다.
　농촌 삶에 대한 존중, 노동에 걸맞은 보수, 생산 공동체와 먹을거리 공동체의 유기적 결합, 원재료의 특징을 훼손하지 않는 식습관으로의 전환이 필요합니다.

　農者天下之大本 농자천하지대본,
'농업은 천하의 큰 근본'이라는 말을 새겨야 할 때입니다.

　알맞은 밥, 반듯한 몸, 고요한 숨, 넉넉한 맘, 해맑은 넋….

　오늘은 유독 이런 말들이 그립습니다.

泄瀉 샐 설, 쏟을 사

螳螂당랑

23 내가 죽어 네가 살고

犧 희생희
牲 희생생

영어 sacrifice I 중국어 牺牲 [xīshēng] I 일본어 犠牲 [ぎせい]

犧牲의 뜻은 고대의 제사와 관계가 깊습니다.

고대 세계에서 짐승이 제물로서 갖는 지위는 그 짐승이 원래 가진 신체적 힘과 경제적 가치와 직결되었습니다. 그런 면에서 牛가 갖는 의미는 매우 큽니다. 그래서 特別특별하다고 할 때도 '牛'가 들어갑니다.

犧를 잘 살펴보면
牛소 우 + 羊양 양 + 戈창 과 + 秀빼어날 수
로 이루어져 있습니다.

제사에 쓰이는 대표적인 동물인 소나 양 가운데 흠이 없는 최상(秀)의 것을 창(戈) 따위로 찔러 죽여 제물로 바친다는 뜻이 담겨 있지요.

그래서 犧는 '종묘 제향에 쓰이는 잡색이 섞이지 않은 순색의 소'를 지칭하기도 합니다.

牲은 산(生) 채로 제사에 쓰이는 소(牛)입니다.

그래서 犧牲에는 크게 두 가지 뜻이 있습니다.
1) 제물로 쓰이는 짐승
2) 남을 위해 목숨, 재물, 명예, 권리, 자유 따위를 버리거나 빼앗김

제사에 흠 없는 동물을 쓰고, 죄 없는 예수가 인류 구원을 위해 犧牲제물이 되었던 것을 보면 犧牲은 '신성한 것'을 요구하나 봅니다.

성경에 이런 구절이 있습니다.
"한 알의 밀이 땅에 떨어져 죽지 아니하면 한 알 그대로 있고 죽으면 많은 열매를 맺느니라."

비슷한 의미를 가진 구절을 論語 衛靈公篇^{위령공편}에서도 볼 수 있습니다.

論語 논어 공자가 사람들의 질문에 대답하고 토론한 것을 '論', 제자들에게 전해 준 가르침을 '語'라고 한다

志士仁人은 無求生而害仁이요 有殺身而成仁이라
지 사 인 인　　무 구 생 이 해 인　　　유 살 신 이 성 인

뜻있는 선비와 어진 이는 제 목숨을 구하려고 어짊을 해치는 일이 없고 오히려 제 목숨을 바쳐 어짊을 이룬다

옳은 일을 위하여 기꺼이 자신을 희생한다는 殺身成仁살신성인이란 말이 여기서 나왔습니다.

초가 자신을 녹이고 태우면서 그 빛으로 세상을 밝히는 것처럼
이 땅 곳곳이 그 고결한 정신으로 가득 차, 살 맛 나는 세상이 되었으면 좋겠습니다.

志 뜻 지 | 求 구할 구 | 害 해칠 해 | 殺 죽일 살

24 핵심을 짚어 주는 유능한 스승

一 하나 일
字 글자 자
師 스승 사

중국 당(唐)나라 말기의 승려인 齊己^{제기}가 「早梅」^{조매:이르게 핀 매화}라는 시를 지어 鄭谷^{정곡}에게 보여 주고 가르침을 구하였습니다.

다음은 정곡이 지은 한시입니다. 한시의 표현 기법 중 '나타내지 않고 나타내는 법'을 이야기 할 때 자주 언급되는 시입니다. 무엇을 노래한 것일까요? 제목을 맞혀 보세요.

返蟻難尋穴 돌아가던 개미 구멍 찾기 힘들겠고
반 의 난 심 혈

歸禽易見巢 돌아오는 새 둥지 찾기 쉽겠네
귀 금 이 견 소

滿廊僧不厭 행랑 가득하여도 스님은 싫어하지 않는데
만 랑 승 불 염

一個俗嫌多 하나마저 속된 인간들은 많다 싫어하네
일 개 속 혐 다

정답은 落葉낙엽입니다.

낙엽을 말하지 않고도 낙엽이 온 땅에 가득한 풍광을 떠올리게 하는 뛰어난 시입니다.

삶의 막바지를 저리도 아름답게 물들이며 아우성 한 번 없이 정갈하게 최후를 맞는 낙엽을 보면 다시금 겸허해집니다.

올 가을도 낙엽비가 내립니다.

風光 바람 풍, 빛 광

말하지 않고 말하는 법,
나타내지 않고 나타내는 법,
감추어서 드러내는 법 등은 동양 문학과 예술의
신비한 매력입니다.

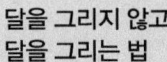
달을 그리지 않고
달을 그리는 법

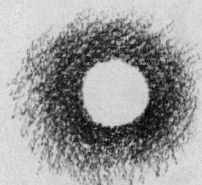
달을 제외한
주변의 어두움을
그리면 달이
나타난다

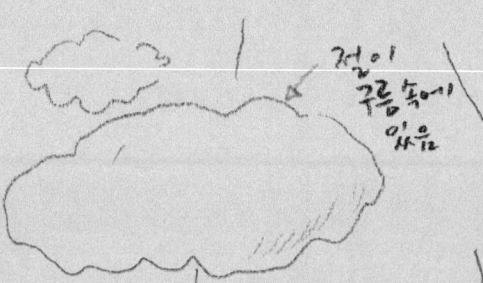
절이
구름속에
있음

높은 산 구름 속에 감추어진 절을
그리는 법

절을 그리지 않더라도 물동이를 들고 올라가는
동자승을 그림으로 절이 있음을 나타낸다.

물동이를
들고 가는
동자승

25 선악에 대한 징벌과 포상의 전령사

燕
제비 연

영어 swallow ㅣ 중국어 燕 [yān] ㅣ 일본어 燕 [음독:えん] [훈독:つばめ]

명나라 사람 황백룡이 조선 중기에 문장과 외교가로 이름을 떨쳤던 柳夢寅유몽인에게 조선 사람들은 몇 가지 경서를 공부하느냐고 물었습니다. 그러자 유몽인은 우리는 사서삼경을 공부한다면서, 심지어 제비, 개구리, 꾀꼬리도 경서 몇 줄은 읊조릴 수 있다고 대답했습니다.

제비는 논어를 읊고,

知之爲知之 不知爲不知 是知也
지 지 위 지 지 부 지 위 부 지 시 지 야

아는 것을 안다고 하고 모르는 것을
모른다 하는 것, 이것이 아는 것이다.

개구리는 맹자를 읊고,

獨樂樂與衆樂樂孰樂
독 락 악 여 중 락 악 숙 락

혼자 풍류를 즐기는 것과 백성들과
더불어 즐기는 것, 어느 것이 더 즐거운가

꾀꼬리는 장자를 읊는다는 것입니다.

風流 바람 풍, 흐를 류(유)

以指喩指之非指 不若以非指喩指之非指也
이 지 유 지 지 비 지 불 약 이 비 지 유 지 지 비 지 야

손가락을 가지고 손가락 아님을 깨우치는 것은 손가락 아닌 것을 가지고 손가락이 손가락 아님을 깨우치는 것만 같지 못하다

한자 발음을 빨리하면 꼭 제비가 지저귀고
개구리가 울며 꾀꼬리가 노래하는 것 같습니다.

제비는 또 매월당 김시습 시도 외운다고 합니다.

是是非非非是是 是非非是非非是
시 시 비 비 비 시 시 시 비 비 시 비 비 시

是非非是是非非 是是非非是是非
시 비 비 시 시 비 비 시 시 비 비 시 시 비

옳은 것 옳다 하고 그른 것 그르다고 함이 반드시 옳은 것 아니고
그른 것 옳다 하고 옳은 것 그르다 해도
옳지 않은 건 아니네
그른 것 옳다 하고 옳은 것 그르다함
이것이 그른 것 아니고
옳은 것 옳다 하고 그른 것 그르다 함이
시비거리로다

指 손가락 지 | 喩 깨우칠 유

燕은 우리나라의 대표적인 여름 철새인 제비를 나타내는 글자입니다. 제비의 활약상이 돋보이는 고전 〈흥부전〉에서 흥부와 놀부의 성이 연씨인 이유를 아시겠지요?

宴 잔치 연과 燕은 발음이 같은 데다 '함께 모여서 즐기는 잔치'의 풍경이 무리지어 모이고 이동하는 제비의 속성과 닮았다 하여 서로 통용해 씁니다.

宴會 연회란 제비가 전기줄에 나란히 모여 앉아 지지배배 재잘거리듯이 사람들이 둘러앉아 왁자지껄 떠들며 노는 잔치를 말합니다. 宴會나 연주회 때 입는 남성 예복은 燕尾服 연미복이라고 하지요. 검은색이고 뒤쪽이 제비꼬리처럼 두 갈래로 갈라져 있어서 붙은 이름입니다.

김시습 金時習, 1435-1493 생육신 중 한 사람. 우리나라 최초의 한문소설인 『金鰲新話금오신화』를 지었다

제비는 다양한 해충을 먹기 때문에 민가에 들어와 둥지를 틀어도 사람들은 말리지 않습니다.

제비는 매년 왔던 집을 다시 찾아오는데 지붕 안쪽으로 들어와 지을수록 그 집은 좋은 평판을 받았습니다. 그만큼 그 집의 인심이 순후하여 제비가 위험을 덜 느낀다는 뜻이기 때문입니다.

조선 인조 때 명신이었던 李植^{이식}은 제비를 보고 이렇게 노래했습니다.

詠新燕 새로 돌아온 제비를 노래함
영 신 연

萬事悠悠一笑揮 온갖 일들 여유로워 껄껄 웃을 일 있으니
만 사 유 유 일 소 휘

草堂春雨掩松扉 초가에 봄비 내려 사립문 닫네
초 당 춘 우 엄 송 비

生憎簾外新歸燕 얄밉게도 발 밖 새로 돌아온 제비
생 증 렴 외 신 귀 연

似向閑人說是非 공연히 한가한 사람 향해 시비를 거네 허허
사 향 한 인 설 시 비

제비는 매우 빠르고 민첩하여서 땅 위에 있는 먹이도 날면서 잡아

揮 휘두를 휘 | 掩 가릴 엄 | 扉 문짝 비 | 憎 미워할 증

먹습니다. 둥지 재료를 찾는 것 외에는 땅에 내려앉는 법이 없지요.

급강하와 급선회의 명수요, 공중 곡예의 지존인 제비가 물 위를 날렵하게 스쳐 날아오르는 것을 '물찬 제비'라고 합니다. 몸매가 날씬하고 옷맵시가 깔끔한 사람을 흔히 그렇게 부릅니다.

20년 전만 하더라도 우리나라 전역에서 흔하디흔하게 볼 수 있었던 여름 철새가 제비였는데 지금은 생태계 파괴와 가옥구조 변화 등으로 천연기념물 지정이 검토되고 있을 정도로 그 수가 극감하였습니다.

이 땅을 떠났던 제비들이 다시 돌아와 아는 척, 잘난 척하며 살아가는 우리들에게 지지위지지 부지위부지 시지야라고 깨우쳐 주길 고대합니다.

26 환자와의 아름다운 동행

醫
의원 의

師
스승 사

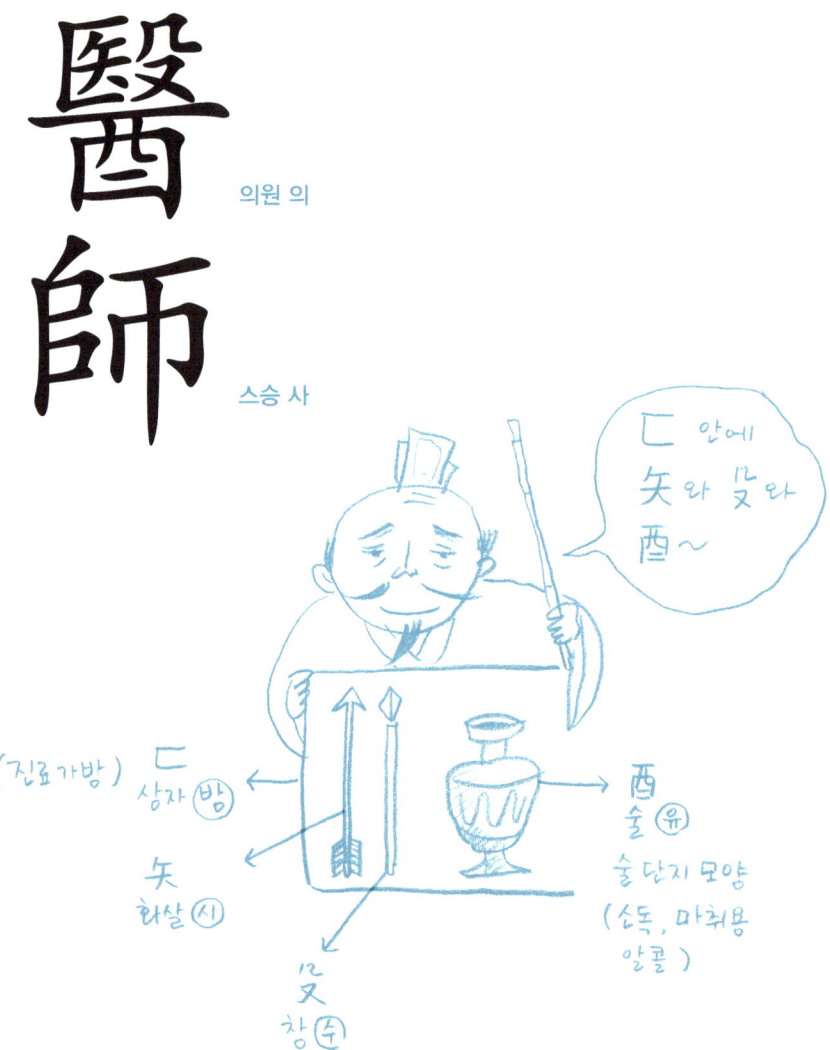

영어 doctor | 중국어 医师[yīshī] | 일본어 医師[いし]

한번은 전설적인 명의 편작(扁鵲)을 위나라 문왕이 불렀습니다.

큰형님은 병이 생기기전에 알고 미리 고쳐주며
둘째 형님은 발병초기에 고쳐주기때문에 명성이 그리
높지 않지요

하지만 저는 병의 증세가 심해져야만 알아보고
대 수술 같은 걸로 고치기 때문에 널리 이름 나게 된 것입니다.

천하의 편작도 여섯 가지 병의 유형(六不治)은 고칠 방법이 없다고
했습니다.

一不治, 驕恣不論於理
일 불 치 교 자 불 논 어 리

첫째 불치병, 교만해서 병이 난 원리를 따져 보지 않는 것

二不治, 輕身重財
이 불 치 경 신 중 재

둘째 불치병, 몸을 함부로 여기고 오로지 재물만 중요하게 여기는 것

財物 재물 재, 물건 물

三不治, 衣食不能適
삼 불 치 의 식 불 능 적

셋째 불치병, 입고 먹는 것을 잘 가려 하지 않는 것

四不治, 陰陽竝藏氣不定
사 불 치 음 양 병 장 기 부 정

넷째 불치병, 음양의 조화를 거스르고 과욕을 부려 장기의 기가 불안정한 것

五不治, 形羸不能服藥
오 불 치 형 리 불 능 복 약

다섯째 불치병, 몸이 극도로 허약하여 약을 복용하지 못하는 것

六不治, 信巫不信醫
육 불 치 신 무 불 신 의

여섯째 불치병, 의사의 말은 믿지 않고 무당의 말만 믿는 것

의사라고 해서 모든 병을 고칠 수는 없지요.

그렇지만 어느 병원에 걸려 있던 현수막의 글귀처럼 "세상 모든 병을 다 고칠 수는 없지만 병들어 서러운 마음만은 없게 하리라"는 자세가 필요합니다.

소설 동의보감에 보면 心醫심의라는 표현이 나옵니다.

다른 사람으로 하여금 늘 마음(心)을 평안케 하는 인격을 가진 의

원(醫), 그 눈빛만 봐도 마음의 안정을 느끼게 하는 의사를 말합니다. 병자를 진실로 긍휼히 여기는 마음이 있어야만 가능한 품격이지요.

心醫라고 하면 한국의 슈바이처로 불리는, 무소유의 삶으로 유명한 장기려 박사가 생각납니다.

그는 한국전쟁 때 무료진료소 '복음병원'을 설립하여, 평생을 가난하고 소외된 사람들을 위해 인술(仁術)을 베풀었습니다. 허준과 같이 사랑의 손길로 아픈 이들을 어루만져 주었습니다.

의사를 꿈꾸는 이들에게 귀감이 되는 분이지요.

흔히들 말기암 환자가 완치되고, 앉은뱅이가 일어서고, 소경이 눈을 뜨는 것들만 기적이라고 여깁니다.

하지만 생각해 보면 수천 년 세월에도 변함없이 꽃이 피고 열매를 맺고 떨어진 씨가 다시금 싹으로 돌아나는 것이야말로 엄청난 기적이지요. 창공에 구름이 떠 있는 것도, 지금 숨 쉴 수 있는 것도 마찬가지입니다.

날마다 일상에 감사하며 산다면 천하의 편작도 고치기 힘들다는 상황까지는 이르지 않을 수 있을 겁니다. 일상의 기적, 오늘도 누리며 삽시다.

27 믿고 따를 모델

龜 거북 귀

鑑 거울 감

영어 model | 중국어 龟鉴 [guījiàn] | 일본어 亀鑑 [きかん]

龜鑑귀감이라는 말은 본보기가 될 만한 언행이나 거울 삼아 본받을 만한 모범이라는 뜻입니다.

龜는 占점치는 데 쓰던 거북이를 나타내고 鑑은 얼굴을 비춰보는 데 쓰인 거울입니다.

고대 중국에서는 거북이의 등딱지를 불에 그슬려 그 갈라진 금의 모양을 보고 점을 쳤습니다. 兆조짐조도 여기에서 나온 것입니다. 갈라진 금의 모양 같지요?

예로부터 거북은 수명이 길고 水陸兩生수륙양생이라는 특성 때문에 신성한 동물로 여겨졌습니다.

三國史記삼국사기에 보면 이런 이야기가 있습니다.

百濟백제 말 義慈王의자왕:641-660 때의 어느 날, 귀신이 대궐에 들어와 '백제망, 백제망'이라고 소리친 후 땅속으로 들어갔는데 그곳을 파 보게 했더니 거북이 한 마리가 나타났습니다. 그 등에는 이런 글귀가 적혀 있었습니다.

백제망!

이 요망한 거시기를 거시기해서 거시기 해부리랑께~

백제망!!

百濟同月輪 新羅如新月
백 제 동 월 륜 신 라 여 신 월

왕이 무당에게 그 뜻을 물으니 "백제는 보름달 같으니 이제 기울 것이며 신라는 초승달 같으니 장차 흥할 것이오"라고 대답했습니다. 그리고 예견대로 백제는 신라에게 멸망당했습니다.

거북은 이처럼 앞날의 길흉과 운세를 점치는 데 사용되었습니다. 또한 십장생의 하나로 장수를 상징합니다.

十長生은 열 가지 오래 사는 것으로 해, 산, 물, 돌, 구름, 소나무, 불로초, 거북, 학, 사슴을 칭합니다.

鑑 거울 감은 **金** 쇠 금 + **監** 볼 감으로 이루어져 있습니다.

유리로 된 거울만 생각하면 **金**이 부수인 것이 이해되지 않을 겁니다. 그런데 원래 자기 모습을 비추어 보는 도구로는 그릇(皿)에 담아 놓은 물이 원조라고 할 수 있습니다.

그 다음으로, 유리로 만든 거울이 보급되기 전까지

輪 바퀴 륜

靑銅製청동제 거울이 널리 사용되었지요. 監볼감 앞에 金이 붙게 된 것은 이런 이유입니다.

성경에는 龜鑑이 되는 최고의 교사, 예수가 등장합니다.

예수는 한 사람, 한 사람에게 절대적 가치를 두고 사랑을 삶의 목표로 삼았습니다. 생활을 통해 가르치고, 질문 토의식 수업을 하고, 학생의 성장 단계와 개성에 맞게 교육했습니다. 제자들을 아끼고 앞으로 변화될 가능성을 높이 산 것이 제자들을 변화시킨 핵심 요인이었지요.

예수가 보인 좋은 본을 따라서 학생들의 잠재력을 이끌어 낼 수 있는 진정한 스승들이 많아지면 좋겠습니다.

龜가 다른 발음으로 소리 나는 경우

① 땅 이름 구
龜尾 구미

② 갈라지다 균
龜裂 균열

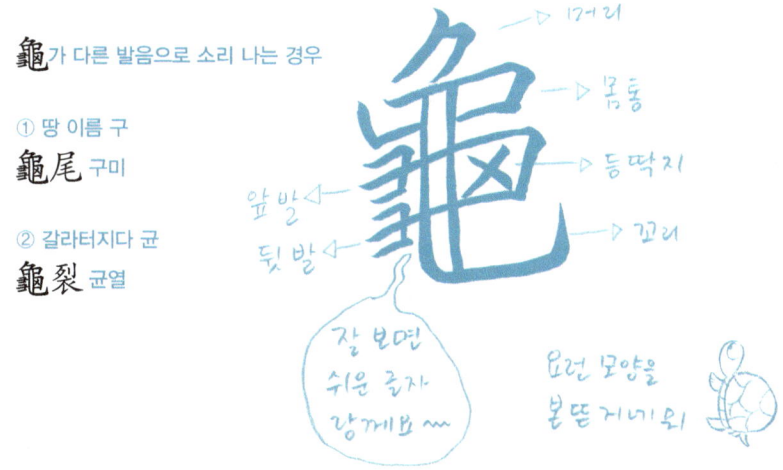

多紐細文鏡 다뉴세문경 국보 제141호. 대야를 잘 닦으면 얼굴이 비치는 것에 착안해 만든 구리거울. 세밀한(細) 기하학적 무늬(文)가 있고, 꼭지(紐)가 2개

一字師 麒麟 扶桑 守株待兔 龍鬚鐵 子午線 攝氏 華氏 鳳凰 信天翁 秋踰嶺山脈 黃鳥 智異山 至于塔 嫁禍桃之罪 變火

한자, 삶과 역사를 반추하다 3

28 초원의 신사이며 살아 있는 전설

麒 기린 기

麟 기린 린

영어 giraffe | 중국어 麒麟 [qílín] | 일본어 騏驎 [きりん]

麒麟은 고대 중국 전설 속의 신령한 동물로 聖君성군이 나타날 징조를 보여 주는 존재입니다. 麒麟은 몸이 사슴이고(그래서 鹿사슴록이 부수가 되었죠), 꼬리는 소, 갈기와 발굽은 말, 이마는 이리 모양을 하고 있다고 합니다. 머리에는 뿔이 있고 청, 황, 흑, 록, 적 다섯 가지 색으로 빛난다고 했습니다.

재주가 남달리 뛰어나고 총명해 장래가 촉망되는 젊은이를 가리킬 때 흔히 麒麟兒기린아라고 하지요.

'giraffe'는 아프리카의 건조지대인 사바나 지역에 주로 서식하는데 상상 속의 동물인 麒麟과 이름이 같습니다. 이렇게 된 데에는 사연이 있습니다.

중국 명나라 3대 황제인 永樂帝영락제는 자신의 충복인 鄭和정화:1371-1433?를 시켜 大遠征대원정을 감행한 것으로 유명하지요.

바스코 다가마 포르투갈의 항해자. 70년에 걸쳐 인도 항로를 발견했다

당시 중국은 나침반을 이용한 획기적인 항해술과 뛰어난 조선 기술을 확보하고 있었기에 1405년에서 1433년까지 7번에 걸친 대원정이 가능했습니다.

정화의 임무는 바다 건너 세상 끝까지 가서 모든 국가로부터 조공을 거둬들이고 황제의 덕을 전하며 전 세계를 교화하는 것이었습니다.

이 일에 250척의 정크선(帆船^{범선})과 이를 보좌하는 3500척의 선박, 3만 명의 승무원이 동원되었습니다. 길이가 150미터에 달하는 이 거대한 정크선은, 콜럼버스가 신세계를 찾아 닻을 올렸던 산타마리아호(號)보다 12배는 더 컸다고 합니다.

→ 정화 함대 & 산타마리아 호

정크선 중국의 전형적인 재래선. 나무로 만든 육중한 돛배이며 바람으로 돛을 움직인다

정화는 인도양을 건너 아프리카까지 30여 개국을 방문하기에 이릅니다.

기록에 의하면 giraffe가 명나라에 처음 들어온 것도 이 무렵입니다. 1415년에 정화의 대규모 선단이 데려온 것인데요, 아프리카 동부의 케냐와 탄자니아 지역에 있었던 마림국에서 바쳤다고 합니다.

giraffe를 처음 본 명나라 사람들은 상상의 동물 麒麟과 생김새가 무척 비슷함에 놀랐습니다. 영락제의 강력한 통치체제에 아부하던 무리들은 성군 출현을 알리는 신령한 동물이라며 giraffe에게 麒麟이라 이름 붙였습니다.

　현재 중국에서는 실제 동물인 giraffe를 麒麟과 구별하여 長頸鹿_{장경록}, 즉 목이 긴 사슴이라고 합니다.

　조선의 독서왕이라 불리는 시인 金得臣_{김득신}이 1만 3천 번이나 읽었다는 당나라 韓愈_{한유}가 지은 〈獲麟解_{획린해}: 기린을 잡은 일에 답하여〉라는 글은 다음과 같이 끝을 맺습니다.

又曰 麟之所以爲麟者 以德不以形 若麟之出 不待聖人
우 왈 린 지 소 이 위 린 자 이 덕 불 이 형 약 린 지 출 부 대 성 인

則其謂之 不祥也 亦宜哉
즉 기 위 지 불 상 야 역 의 재

또 말하기를 기린이 기린이 될 수 있는 이유는 그가 가진 덕 때문이지 모양새가 어떠함이 아니다. 만약 기린이 나타난다고 해도 성인을 기다림이 없다면 그것을 일러 상서롭지 못하다고 해도 또한 마땅하리라

麒麟은 살아 있는 풀은 밟지 않고 생물은 잡아먹지 않는 어진 짐승(仁獸)이라고 합니다. 이제 民草^{민초}들을 존귀하게 여기는 '살림'의 정치를 기대해 봅니다.

若 만약 약 | 祥 상서로울 상 | 謂 이를 위 | 宜 마땅할 의 | 獸 짐승 수

29 동쪽 바다 끝, 처음 해 뜨는 나라

扶 도울 부
桑 뽕나무 상

중국어 扶桑 [fúsāng] | 일본어 扶桑 [ふそう]

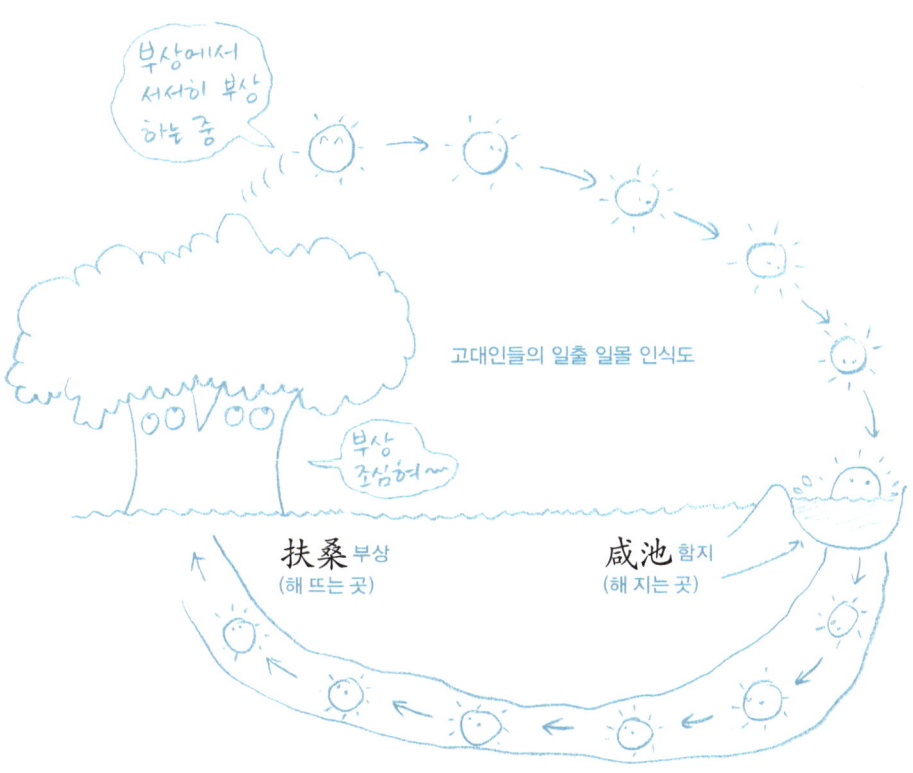

  늘 떠오르는 태양이지만 새해 아침의 해돋이 광경을 보는 느낌은 여느 때와는 참 다르지요.

  중국 고대 전설에 의하면 동쪽 바다 끝에 해가 처음 뜨는 곳이 있다고 합니다. 그곳에는 한 뿌리에서 나온 두 줄기가 서로 의지하고(扶) 있는 뽕나무(桑)가 있어 扶桑이라고 불립니다.

  扶桑은 높이가 300리요, 둘레가 2,000아름이나 되는 거목이라고 합니다. 9천 년마다 한 번씩 열매가 달리는데 신선들이 이 열매를 먹고 황금빛을 띠었다고 하지요.

扶桑은 지리적인 이유로 일본을 나타내기도 합니다.

그래서 2차대전 때 유명한 전함 이름이 扶桑후소(일본어 발음)였으며, 역사 歪曲왜곡으로 유명한 출판사의 이름도 扶桑社후소사입니다.

일본이 국명을 日本이라고 한 것은 자신들이 태양신의 후예라는 말을 하고 싶었던 것이지요.

국기가 日章旗일장기인 것도 같은 이유입니다.

일장기는 일본어로 日の丸히노마루라고도 합니다. 彈丸탄환, 砲丸포환, 丸藥환약 등에 공통으로 들어가는 丸둥글 환을 써서 '둥근 태양 깃발'이라는 뜻을 나타내고 있습니다.

이 이름들 모두 일본 국수주의의 산물이지요.

桑은 손을 나타내는 又자가 세 번이나 들어가 있으며 누에에게 먹이로 주기 위해 여러 사람이 잎을 따는 나무라는 뜻입니다.

뽕나무는 중국을 상징하는 나무로서 누에의 먹이이자 비단 생산의 원료였기 때문에 중국 경제와 문화 발전의 기반이 되었을 뿐 아니라 실크로드Silkroad를 통해 동서양 교류의 물꼬를 터 주었습니다.

맹자는 양나라 惠王_{혜왕}에게 王道政治_{왕도정치}를 구현하려면 뽕나무를 재배하라고 했습니다.

五畝之宅에 樹之以桑이면 五十者가 可以衣帛矣며
오 묘 지 택   수 지 이 상   오 십 자   가 이 의 백 의

다섯 이랑의 집 둘레에 뽕나무를 심으면 나이 오십 줄에 든 사람(경제 활동 능력이 없어지는 나이를 의미)도 명주옷 해 입을 수 있을 것이요

畝 이랑 묘: 육척 사방을 일 보(一步)라고 하고 백 보를 일 묘(一畝)라고 했음
帛 비단 백

뽕나무는 예로부터 **不死再生**^{불사재생}의 힘을 가진 **神木**^{신목}으로 불려 왔습니다. 그 이름에 걸맞게 뿌리, 줄기, 잎, 열매(오디) 무엇 하나 귀한 약재가 아닌 것이 없습니다.

또 뽕나무에서 자란 버섯은 **桑黃**^{상황버섯}이라고 해서 신비의 영약으로 알려져 있지요.

뽕나무를 먹고 사는 누에는 한자로 **蠶**^잠이라고 합니다. 영어로는 silkworm^{비단벌레}이지요.

하늘에서 내려준 벌레라고도 했으므로 간체자가 蚕(天+虫)입니다.

누에를 키우는 것을 **養蠶**^{양잠}, 누에가 뽕잎을 갉아먹는 것처럼 점차 조금씩 침략하여 먹어 들어가는 것을 **蠶食**^{잠식}이라고 합니다.

서울 송파구에 있는 **蠶室**^{잠실}은 조선 초기 국가가 양잠 장려책으로 설치한, 요즘말로 하면 국립잠업센터인 **蠶室都會**^{잠실도회}가 있던 곳입니다.

지금은 상업, 주거지역으로 탈바꿈하여 이름 외에는 뽕나무밭의 흔적도 찾아볼 수 없는 곳입니다. 게다가 석촌호수라는 큰 인공호수까지 있으니 가히 **桑田碧海**^{상전벽해}라는 말이 실감납니다.

상전벽해 뽕나무밭이 푸른 바다로 변했다. 세상이 몰라볼 정도로 변함을 비유

06 休 쉬어가는 페이지

褶曲습곡

30 융통성 없는 바보

守 지킬 수
株 그루터기 주
待 기다릴 대
兎 토끼 토

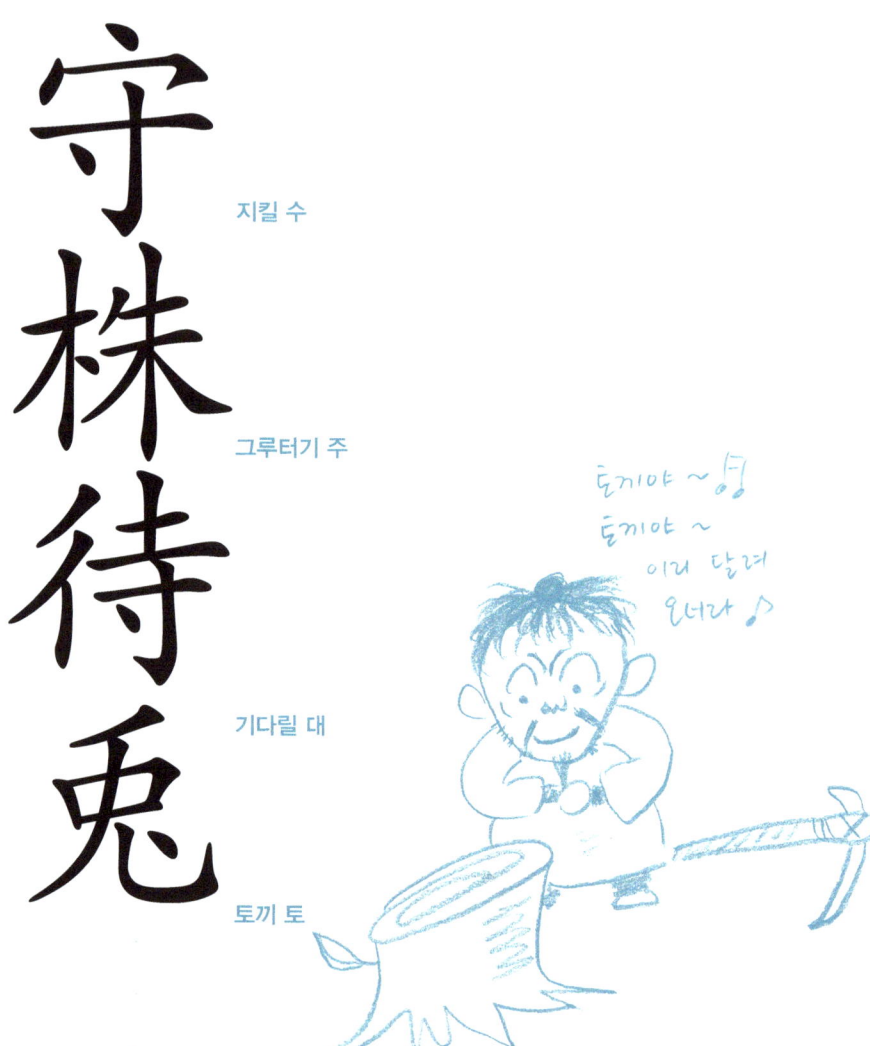

춘추시대 宋송나라에 어떤 농부가 살고 있었습니다.

하루는 밭을 갈고 있는데 토끼 한 마리가 달려오더니 나무 그루터기에 머리를 부딪혀 목이 부러져 죽었습니다.

그 후로 농부는 농기구를 버려둔 채 그루터기를 지키고 앉아 토끼가 오기만을 기다렸습니다.

農器具 농사 농, 그릇 기, 갖출 구

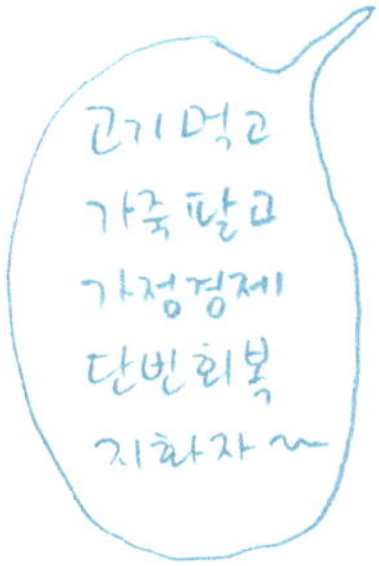

그러나 토끼는 다시 오지 않았고 농부는 온 나라 사람들의 웃음거리가 되었습니다.

打撲傷 칠 타, 칠 박, 다칠 상

이 이야기는 한비자가 요순시대를 이상으로 추구하는 유가사상이 시대에 뒤떨어지는 생각임을 공박한 것입니다.

그래서 守株待兔란 낡은 관습을 고집하며 시대의 흐름에 역행하는, 융통성 없고 고지식함을 경계하는 말입니다.

守는 집 면(宀)에 마디 촌(寸)을 합친 글자입니다. 寸은 손과 관련이 많기 때문에 집안일을 손보다라는 뜻에서 '지키다'가 나왔습니다.

株는 나무를 벤 뒤에 남은 밑동입니다.

待는 조금 걸을 척(彳)에 불교가 들어오기 전에는 관청이라는 뜻으로 쓰인 절 사(寺)가 합쳐져 관청에 가서 배급을 '기다리다'는 뜻이 되었습니다.

兔는 토끼의 모습을 본뜬 상형자입니다.

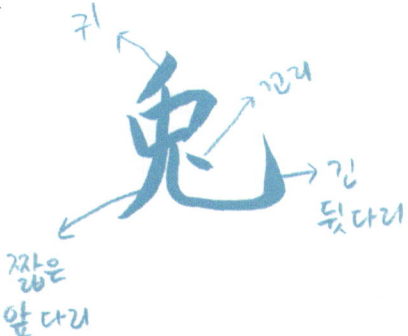

逆行 거스릴 역, 다닐 행

守株待兔와 뜻이 통하는 다른 말로는 刻舟求劍^{각주구검}과 膠柱鼓瑟^{교주고슬}이 있습니다.

刻舟求劍은 칼을 강물에 떨어뜨리자 뱃전에 그 자리를 표시했다가 나중에 그 칼을 찾으려 한다는 뜻입니다.

膠柱鼓瑟은 비파나 거문고의 기러기발을 아교로 붙여 놓으면 음조를 바꾸지 못하여 한 가지 소리밖에 내지 못하는 것을 말합니다.

膠 아교 교 | 柱 기둥 주 | 鼓 두드릴 고 | 瑟 큰 거문고 슬

두 가지 모두 융통성 없고 고지식한 상황을 표현한 것이지요.

요즈음 우리 사회 일각에서 시도되는 과거로의 회귀는 기이한 형태의 복고주의로 보입니다.

역사는 단순하게 순환, 반복되는 것이 아니라, 시대를 사랑하고 사람을 소중하게 여길 줄 아는 사람들에 의해 생명이 부여되는 유기체입니다.

31 탄력 좋은 용의 수염 같은 쇠줄

龍 용 룡
鬚 수염 수
鐵 쇠 철

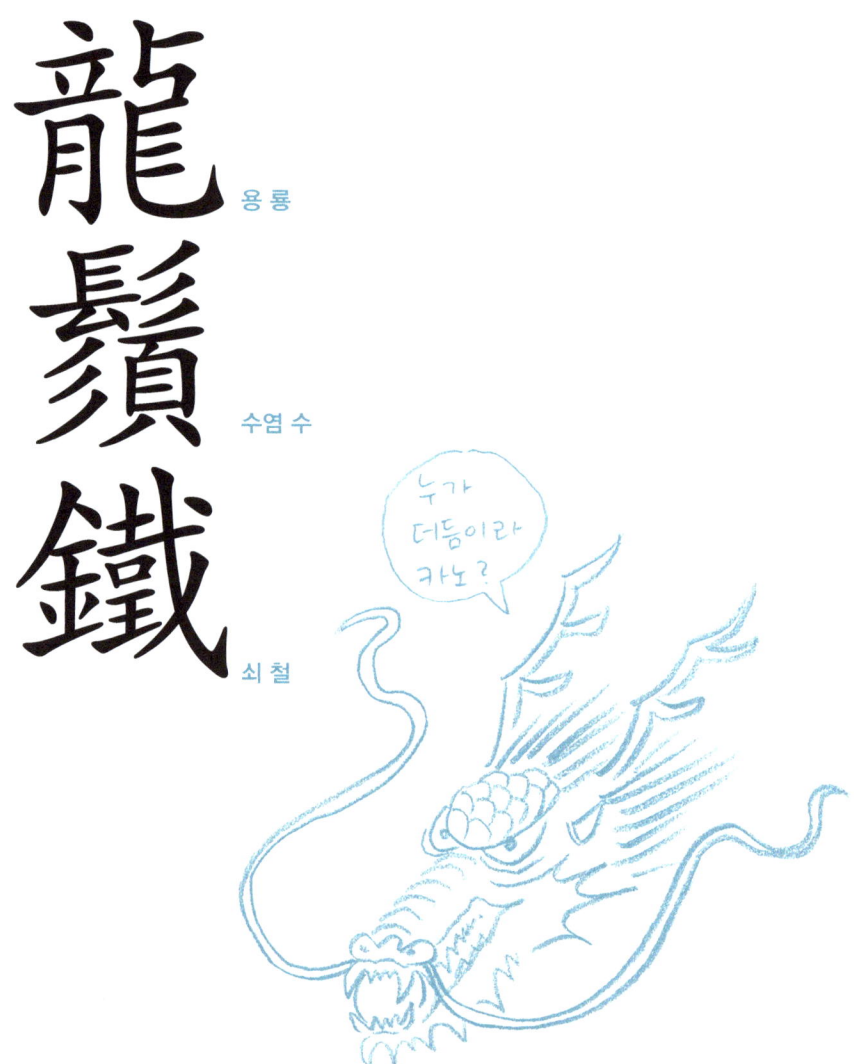

영어 spring | 중국어 弹簧[tānhuáng] | 일본어 発条[ばね]

상상의 동물인 용의 모양을 형상화한 글자가 龍입니다.
동양에서는 천자나 군왕을 상징하지요.

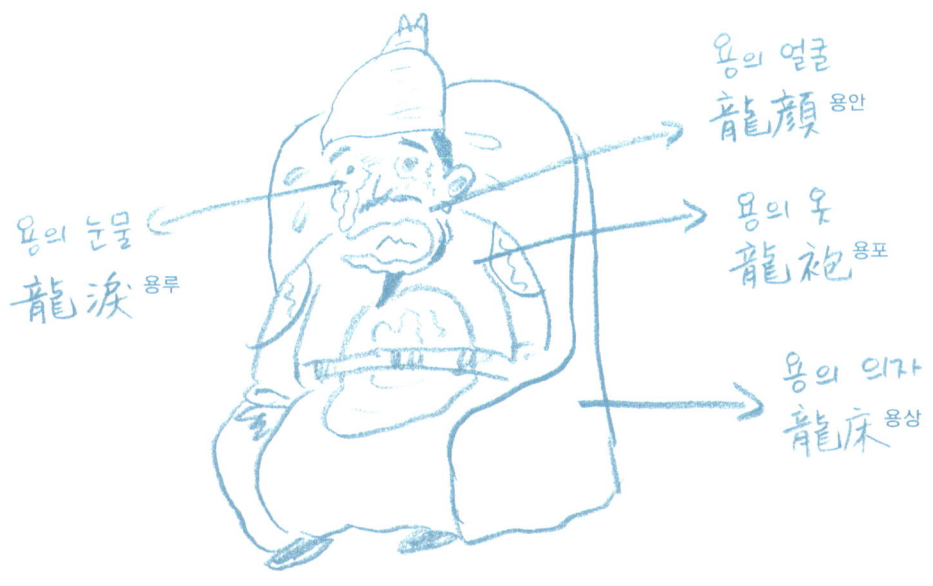

용의 코 밑에는 두 가닥의 긴 수염이 나 있는데 탄력이 아주 좋다고 합니다.

수염은 한자로 鬚髥이라고 씁니다. 두 글자 모두 髟^{머리털 늘어질 표}가 부수인데, 여기에 들어 있는 彡^{터럭 삼}은 머리털을 나타냅니다.

'鬚'와 '髥'은 의미가 조금 다릅니다. 鬚는 코밑수염^{mustache}이고 髥은 구레나룻과 턱수염을 가리킵니다.

mustache 髭   beard 鬚

　용수철은 말 그대로 '용의 수염처럼 탄력이 좋게 만들어진 꼬불꼬불한 쇠'를 칭합니다.

　'용염철'이 아니고 '용수철'인 이유는 앞 페이지에 있는 용의 그림을 보면 쉽게 이해할 수 있습니다.

　삼국지의 관우는 멋진 턱수염을 가지고 있어서 美髥公^{미염공}이라고 불렸습니다. 美鬚公^{미수공}이 아니라.

　천하명필인 王羲之^{왕희지}가 짓고 쓴 『蘭亭集序^{난정집서}』는 山水를 사랑하고 영원한 것을 사모하며 유한한 인생의 덧없음을 통절하게 표현한 풍류문학의 대표작

장비 돼지털하고
비교하덜 마~

蘭 난초 란 | 亭 정자 정 | 集 모일 집

입니다.

　그의 글씨 중 가장 걸작품으로 평가받는 이 글은 쥐의 입가에 난 수염을 가지고 만든 鼠鬚筆서수필로 쓴 것입니다. 鼠髥筆서염필이 아니라.

　龍鬚鐵용수철의 사전적 정의는 '물체의 탄성 변형을 이용해서 에너지로 흡수, 축적시켜 완충 등의 작용을 하는 기계요소'입니다.

　이때 彈性탄성이란 외부로부터 힘을 받아 모양이 변형된 물체가 본디 모양으로 돌아가려는 성질을 말합니다. 활시위를 튀겼을 때 활시위가 제자리로 돌아오는 것처럼요.

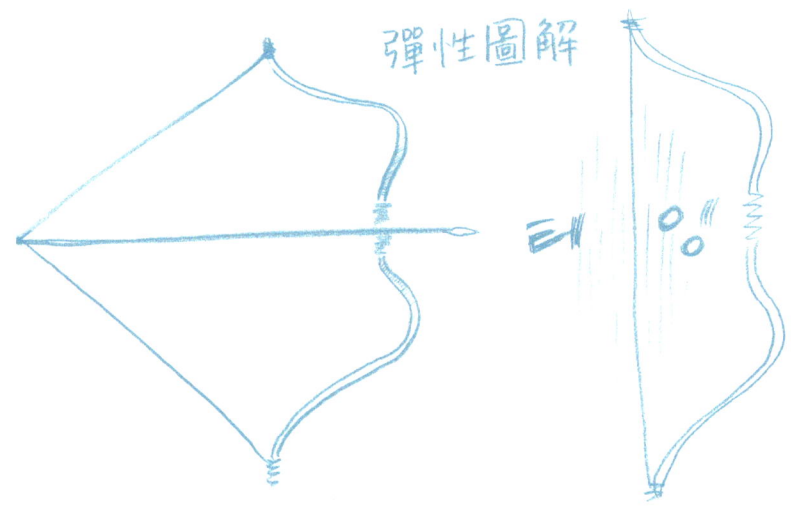

그래서 彈^탄에 弓^{활 궁}이 들어 있는 겁니다.

탄력이 좋다고 할 때도 이 글자를 씁니다.

"피부가 彈力이 좋다."

"저 선수는 키는 작지만 彈力이 좋아 고무공 같다."

龍鬚鐵을 뜻하는 영단어 spring은 봄과 샘을 가리키기도 합니다.

움터 오르는 봄,

솟아오르는 샘,

튀어 오르는 용수철

二八靑春^{이팔청춘}들은 그래서 용수철처럼 톡톡 튀나 봅니다.
샘물처럼 마르지 않는 생기발랄함으로.

32 하늘 양 끝을 이은 큰 동그라미

子午線

아들 자
낮 오
줄 선

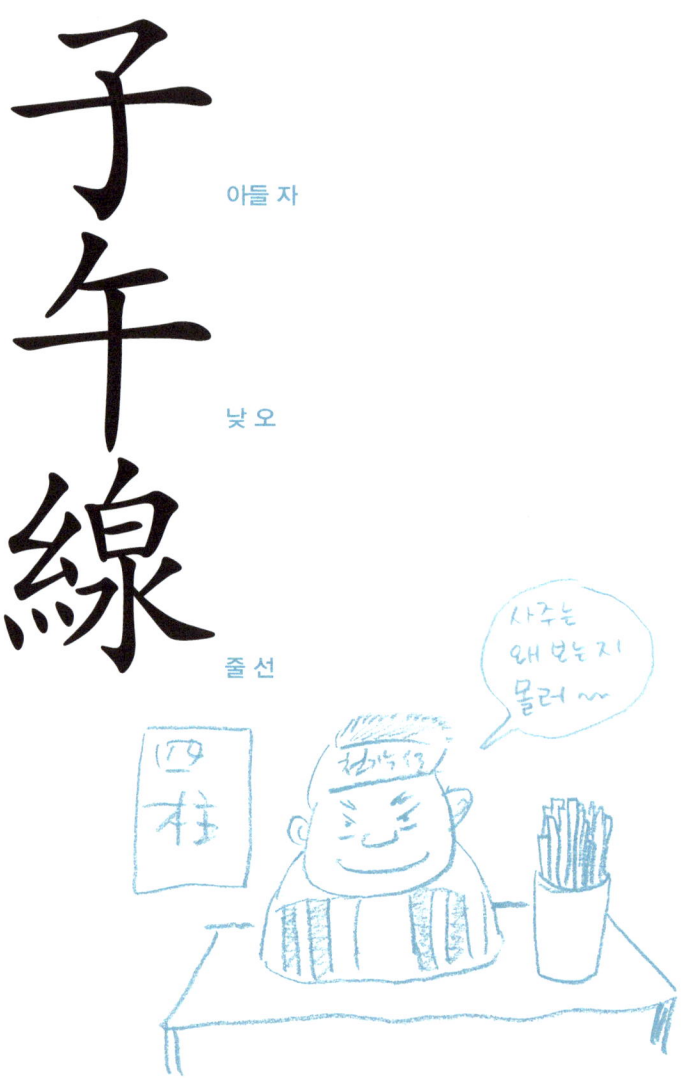

영어 meridian | 중국어 子午线 [zīwǔxiàn] | 일본어 子午線 [しごせん]

우리가 서 있는 곳에서 볼 때 지평선의 북쪽 방향에서 머리 위를 지나 남쪽 방향을 연결하면 반원이 만들어지는데 이를 **子午線**^{자오선}이라고 합니다. 왜 이름이 자오선인지는 그림을 보면 쉽게 이해될 겁니다.

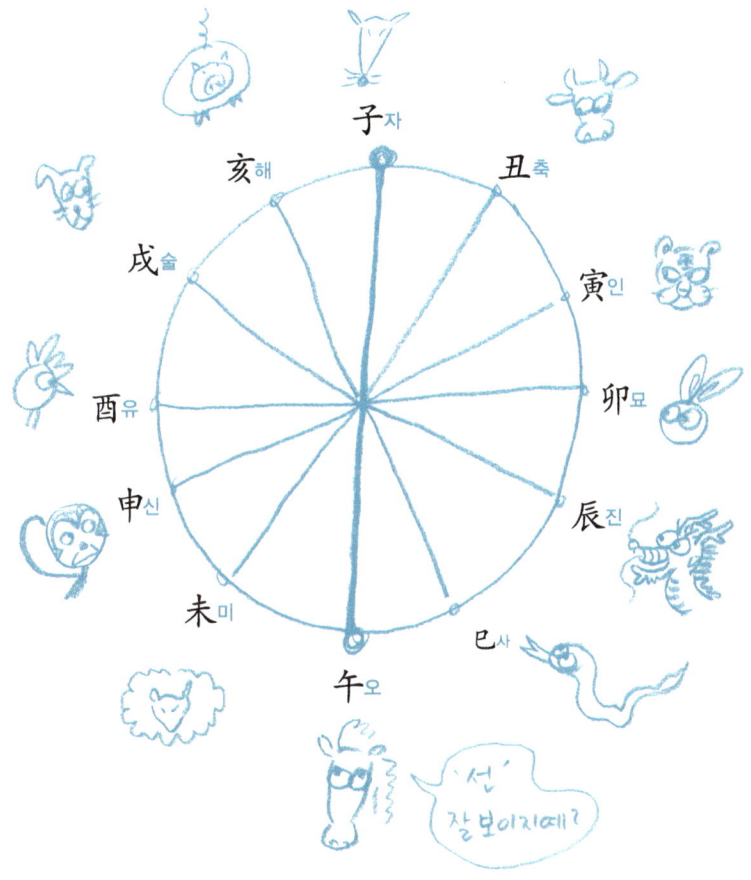

사람들은 땅의 기운을 12가지로 나누고(**十二地支**^{십이지지}) 그것을 각각 친숙한 동물로 대치해 놓았습니다.

여기서 쥐에 해당하는 子와 말에 해당하는 午를 연결한 것이 子午線자오선입니다.

子午線은 다른 말로 經線경선이라고도 합니다. 經날줄 경은 베틀의 세로줄을 의미합니다. 子午線과 수직선상에 있는 緯線위선에는 베틀의 가로줄을 나타내는 씨줄 위(緯)를 씁니다.

지구상의 위치를 나타내는 좌표인 經度경도와 緯度위도도 經과 緯를 써서 표현합니다.

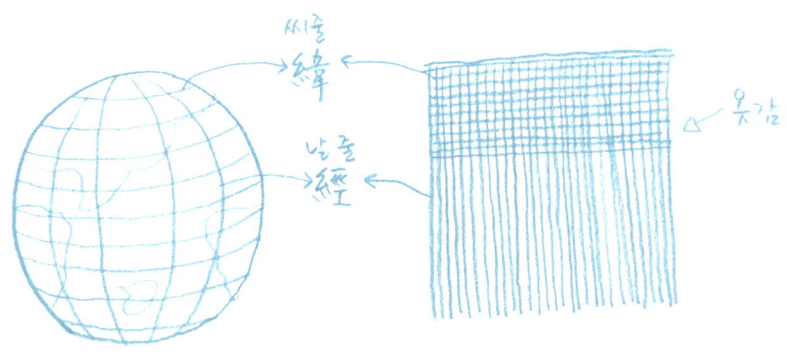

經線은 국가마다 각각 다른 기준을 가지고 있어서 불편한 점이 많았습니다. 그래서 1884년 워싱턴 국제회의에서 영국의 그리니치greenwich 천문대를 지나는 經線을 本初본초 子午線prime meridian으로 정하고 동서 방향으로 각각 180도씩 분할하는 經線 체계를 마련하였습니다.

본초 자오선의 표준시를 기준으로, 동쪽으로는 15도마다 1시간씩 빠르고 서쪽으로는 1시간씩 느립니다.

우리나라가 본초 자오선이 지나는 런던보다 9시간이 빠른 것은 동경(東經) 135도를 표준시로 정하고 있기 때문이지요.

그런데 우리나라와 일본이 시차가 2~30분 나는데도 같은 시간대를 사용하는 것은 왜일까요? 일제강점기 때 지배의 편리성과 內鮮一體^{내선일체}의 구실 아래 우리의 표준시를 일본이 사용하는 동경 135도 기준으로 강제 조정했기 때문입니다.

해방 후 여러 차례 논란이 있었지만 사회 전 분야에 극심한 혼란이 예상되는 데다가 모든 전산 시스템의 대대적인 수정이 요구되는지라 개정은 거의 불가능한 일이 되고 말았습니다.

자존심은 상하지만 이제 와서는 청산하기 힘든 일제 殘滓^{잔재}인 셈입니다.

內鮮一體 일본 본토와 조선은 하나라는 말로, 전쟁 협력을 강요했던 정책
殘 남을 잔 | 滓 찌꺼기 재

33 서양에서 온 셀시우스 씨와 파렌하이트 씨

攝 다스릴 섭

氏 성씨 씨

華 빛날 화

氏 성씨 씨

요즘 우리나라는 마치 亞熱帶氣候 ^{아열대기후}로 바뀌는 듯합니다. 봄은 짧아지고, 여름은 말 그대로 가마솥더위입니다.

亞 ^{버금 아}는 둘째가는 사람이나 사물을 뜻합니다. 亞熱帶 ^{아열대}는 열대에 버금가는 기후를 말하고, 문학, 예술, 학문에서 독창성 없이 모방하는 행위나 그 결과물을 亞流 ^{아류}라고 합니다. 聖人 ^{성인}인 공자에 버금간다는 뜻에서 孟子 ^{맹자}를 亞聖 ^{아성}이라고 부르기도 하지요.

亞는 Asia를 음역한 亞細亞 ^{아세아}를 표기할 때도 사용합니다. 東南亞 ^{동남아}, 西南亞 ^{서남아}란 단어를 통해 많이 보셨을 겁니다.

氣候 기운 기, 기후 후

온도를 표기할 때 우리나라를 비롯해서 대부분의 국가는 攝氏 ^{섭씨}를 쓰는데 미국처럼 華氏 ^{화씨}를 쓰는 나라도 있습니다.

스웨덴의 천문학자였던 셀시우스는 물이 끓는 온도를 100, 어는 온도를 0, 그 사이를 기체의 열팽창 정도에 따라 100등분 한 寒暖計 ^{한란계}를 창시하였습니다. ℃는 그의 이름의 첫글자인 C를 따서 표기한 것입니다.

℃를 섭씨(攝氏)라고 부르게 된 것은 선교사들이 중국인들에게 셀시우스를 섭이수사(攝爾修斯)로 음역하여 알려 주었기 때문이지요.

셀시우스
Anders Celsius, 1701-1744

한편 독일의 물리학자 파렌하이트는 1724년, 1기압 아래서 물이 어는점을 32, 끓는점을 212로 정하고 두 점 사이를 180등분 한 온도 눈금을 최초로 사용하였습니다. °F는 그의 이름의 첫글자인 F를 따서 표기한 것입니다.

그의 이름을 한자로 음역한 것이 화륜해특(華倫奚特)이었기에 °F를 화씨(華氏)라고 부르게 된 것이죠.

참고로 절대온도를 표시하는 K는 이를 도입한 영국의 물리학자 케빈Kelvin에서 따온 것입니다.

파렌하이트
Gabriel Fahrenheit, 1686-1736

導入 인도할 도, 들 입

무더운 여름, 읊기만 해도 시원해질 한시 한 편을 소개합니다. 조선조 대학자 율곡 이이 선생이 金剛山(금강산)에 올라가서 지은 「山中四詠(산중사영)」 중 '바람에 대하여'입니다.

樹影初濃夏日遲 　나무 그늘 짙어지는 기나긴 여름날
수 영 초 농 하 일 지

晩風生自拂雲枝 　저물녘 바람 일어나 구름 걸린 가지 흔드네
만 풍 생 자 불 운 지

幽人睡罷披襟起 　산사람 선잠 깨어 옷가지 걸치고 일어나니
유 인 수 파 피 금 기

徹骨淸凉只自知 　뼛속 스며드는 이 서늘함 누가 알랴
철 골 청 량 지 자 지

산의 넉넉하고 깊은 품에 안겨 그 청량함을 한껏 누리는 것도 무더운 여름을 나는 슬기로운 방법입니다. 산에 이르기까지 걷거나 자전거를 이용하여 화석연료 사용을 줄인다면 錦上添花(금상첨화)겠지요?

淸凉 맑을 청, 서늘할 량

금강산의 별칭들

봄 - 금강산(金剛山)
여름 - 봉래산(蓬萊山)
가을 - 풍악산(楓嶽山)
겨울 - 개골산(皆骨山)

34 벽오동 심은 뜻은

鳳 봉황 봉

凰 봉황 황

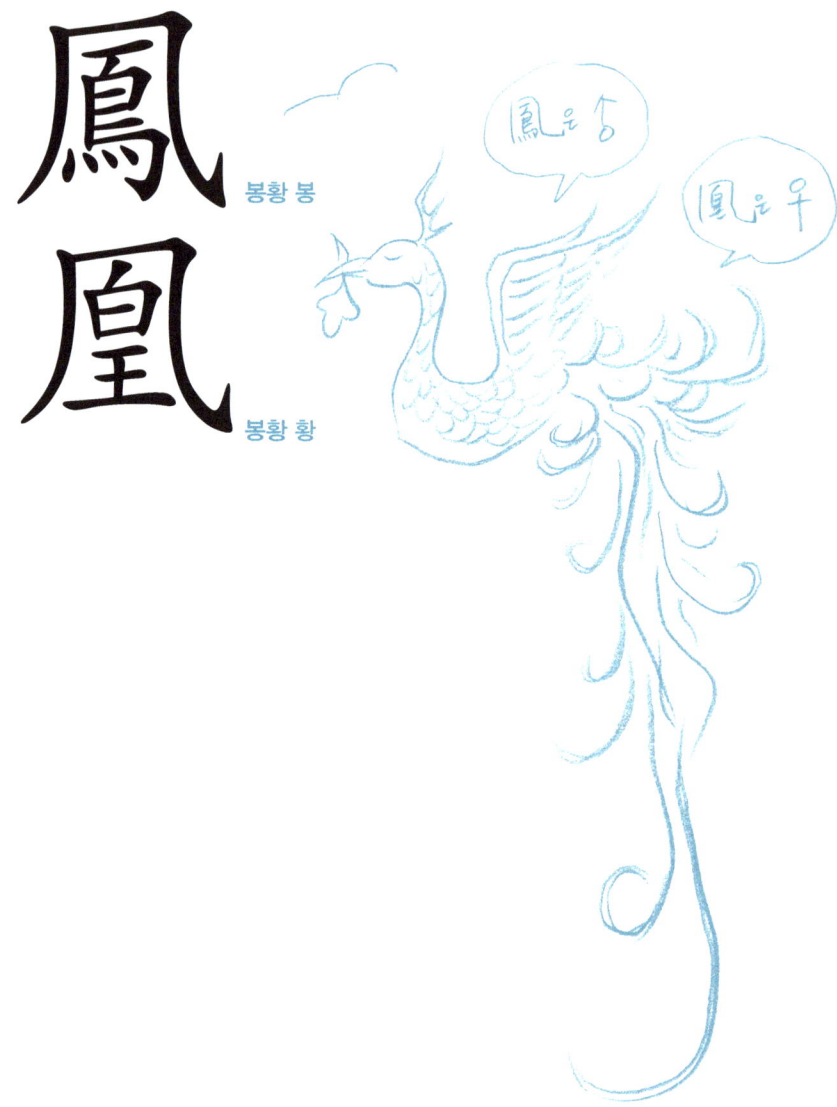

영어 (oriental) phoenix | 중국어 凤凰 [fēnghuáng] | 일본어 鳳凰 [ほうおう]

봉황의 수컷을 나타내는 鳳은 凡^{무릇 범}에다 鳥^{새 조}를 합쳐놓은 글자로 모든 새들 중에 가장 뛰어난 새라는 의미를 담고 있습니다.

凰은 봉황의 암컷인데, 皇^{임금 황} 자가 들어가 있어 고귀함을 나타냅니다.

옛 기록은 鳳凰에 대해 이렇게 말하고 있습니다.

非竹實不食　천년에 한 번 열리는 대나무 열매가 아니면 먹지 않고
비 죽 실 불 식

非梧桐不棲　오동나무가 아니면 깃들이지 않고
비 오 동 불 서

非醴泉不飮　예천의 물이 아니면 마시지 않는다
비 예 천 불 음

그래서 우리나라의 선비들은 나라를 사랑하고 염려한다는 표현으로 서원이나 사랑채 앞뜰에 오동나무를 한두 그루씩 심었습니다.

德治^{덕치}의 상징이자 聖君^{성군} 출현의 징조로 여겨져 온 鳳凰은 다음 열 가지 동물의 장점을 가지고 있다고 전해집니다.

醴泉　태평성대 때 단물이 솟아난다는 샘

1. 앞 모습은 기러기
질서 정연히 날아가는 새로,
절도를 나타내며 짝을 바꾸지 않는 절개를 상징

3. 턱은 제비
비를 부르는 재주가 있음

2. 뒷 모습은 기린
슬기와 재주를 겸비한 현인

4. 부리는 닭
광명이 오는 것을 가장 먼저 감지함.
악귀를 쫓고 선신을 부르는 영험한 동물로 인식

5. 목은 뱀
풍요와 다산을 상징

6. 꼬리는 물고기
무리 지어 다니는 모습이 행군을 연상시킨다고 하여 兵權(병권)을 상징. 장수의 갑옷 비늘과 물고기의 비늘이 닮았음

7. 이마는 황새
새들 중의 연장자로서 고귀, 고결함을 상징

8. 뺨은 원앙
부부애의 상징. 원만한 가정은 사회와 국가 발전의 바탕이 됨

9. 몸의 무늬는 용
뛰어난 인물을 의미

10. 등은 거북
불의 재앙을 막아 주는 물의 신. 장수를 상징하며 예견 능력이 있음

이러한 鳳凰의 특징은 백성을 다스리는 군왕의 속성과 같다고 하여 조선시대 때부터 胸背흉배(관복의 가슴과 등에 붙이던 헝겊) 등에 봉황무늬를 수놓아 왕의 상징으로 삼았습니다.

현재는 대통령의 紋章문장으로도 쓰이지요.

우리가 흔히 '똥광'이라고 부르는 화투 그림 속의 새가 바로 鳳凰입니다. 여기서 '똥'은 桐오동나무 동을 강하게 발음한 것이죠.

성군의 출현을 갈망하는 마음이 담긴 그림이라 할 수 있습니다.

紋章 무늬 문, 나타날 장: 가문이나 단체의 계보나 권위를 상징하는 장식적인 마크. 로마는 용, 바이킹은 붉은 바탕에 검은 새의 기를 사용하였다

老子는 도덕경 17장에서 최고의 리더를 다음과 같이 정의했습니다.

太上 不知有之　　가장 높은 수준의 왕은 백성들이 그의 존재를
태 상　부 지 유 지　인식하지 못한다

其次 親而譽之　　그다음은 백성들이 친근히 여겨
기 차　친 이 예 지　칭찬하는 자이며

其次 畏之　　　　그다음은 두려움의 대상이 되는 자이고
기 차　외 지

其次 侮之　　　　최하는 업신여김을 받는 자이다
기 차　모 지

이 땅의 모든 爲政者^{위정자}들이 보이진 않으나 공기와 같은, 소리 없이 땅속을 흐르나 뭇 생명들을 살리며 키워 내는 물 같은 리더십을 가지기를 소망합니다.

爲政者 할 위, 정사 정, 놈 자 : 정치하는 사람들

35 하늘만 믿는 바보 할배

信 믿을 신
天 하늘 천
翁 늙은이 옹

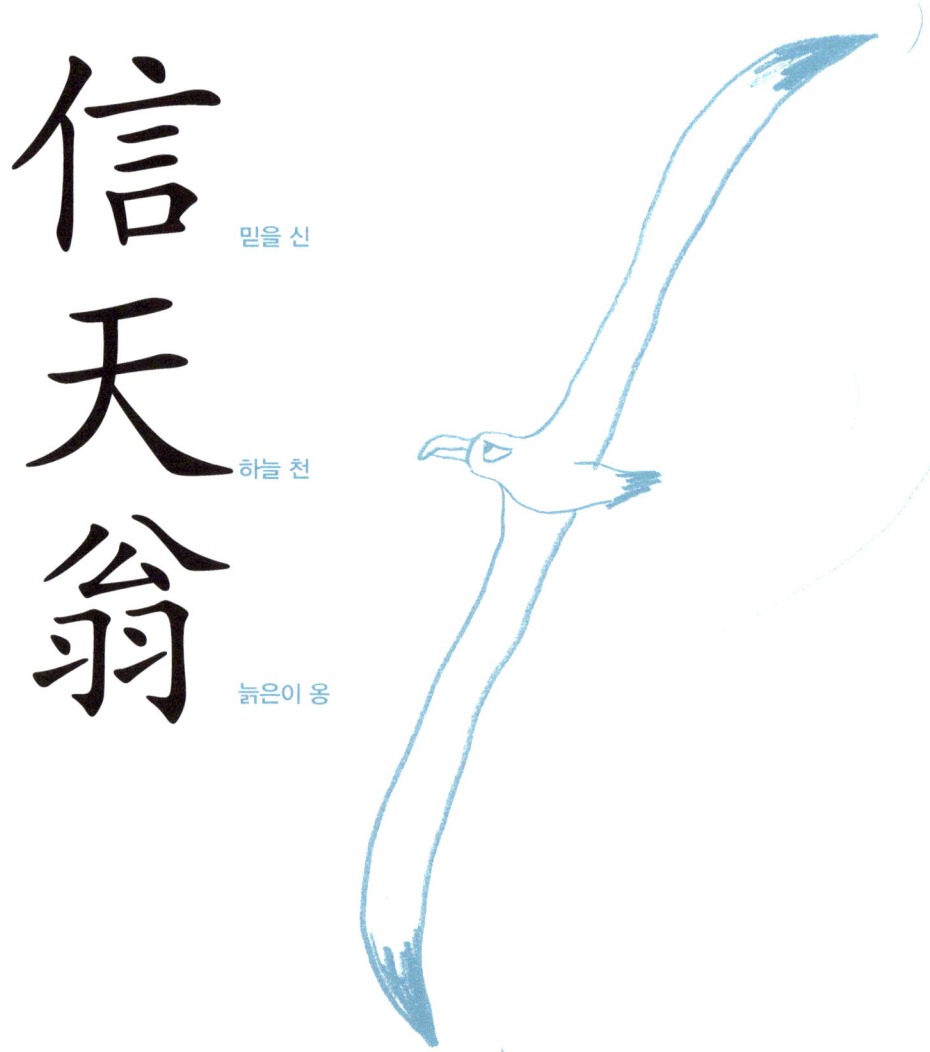

영어 albatross | 중국어 信天翁 [xīntiānwēng] | 일본어 阿呆鳥 [あほうどり]

하늘을 나는 새들 중에서 가장 큰 새는 알바트로스입니다.

동양에서는 다분히 도교적인 이름인 信天翁신천옹이라고 불리지요.

땅 위에 머무는 시간보다 하늘에서 지내는 시간이 더 길다는 이 매력적인 새는 놀라운 비행 능력과는 달리 착지할 때면 거대한 몸집 탓에 매우 불안정한 동작을 보입니다.

또한 사람에 대한 敵意적의가 없어서 쉽게 잡히기도 합니다.

'괏 괏' 하고 우네끼니 우리 북한선에서는 '곽새'라고 하디요

이를 두고 19세기 말 프랑스 시인 보들레르는 이렇게 노래했습니다.

알바트로스

자주 뱃사람들은 장난 삼아
거대한 알바트로스를 붙잡는다
바다 위를 지치는 배를 시름없는
항해의 동행자인 양 뒤쫓는 해조를,

바닥 위에 내려놓자, 이 창공의 왕자들
어색하고 창피스런 몸짓으로

보들레르
Charles-Pierre Baudelaire, 1821–1867

敵意 적 적, 뜻 의

커다란 흰 날개를 놋대처럼
가소 가련하게도 질질 끄는구나

이 날개 달린 항해자가 그 어색하고 나약함이어!
한때 그토록 멋지던 그가 얼마나 가소롭고 추악한가!
어떤 이는 담뱃대로 부리를 들볶고,
어떤 이는 절뚝절뚝, 날던 불구자 흉내 낸다!

시인도 폭풍 속을 드나들고 사수를 비웃는
이 구름 위의 왕자 같아라
야유의 소용돌이 속에 지상에 유배되니
그 거인의 날개가 걷기조차 방해하네

– 『악의 꽃』(민음사) 중에서

우리 근현대사의 거인인 咸錫憲 함석헌 1901-1989 선생은 평생 호를 쓰지 않아서 사람들이 그저 함석헌 翁옹이라고 불렀습니다.
하지만 선생은 스스로 '바보새'라고 부르길 좋아했습니다.

그가 스승인 남강 이승훈을 추모하는 글에 보면 이런 글귀가 있습니다.

남강南岡 이승훈 독립운동가이자 애국계몽운동가. 교육자. 오산학교를 설립하였다

"선생님! 저는 이 새가 좋습니다. 이놈을 신천옹 곧 '하늘을 얻는 늙은이'라 이름한 것은 이놈이 날기는 잘 해서 태평양의 帝王제왕이라는 말은 들으면서도 고기 잡을 줄을 몰라서 갈매기가 잡아서 먹다가 이따금 흘려 버리는 것을 주워 먹고 살기 때문이라고 합니다. 그래서 일본 사람들은 그놈을 아호도리 곧 '바보새'라고 부릅니다.

제가 이 새를 좋아하는 것은 이 바보새라는 이름 때문입니다."

- 『울지 못해 웃고 간 한국의 거인들』 중에서

평생을 항일·반독재에 앞장섰다가 많은 탄압과 고초를 겪으며 시대의 질곡, 그 형극의 길 가운데로 당당히 걸어갔던 함석헌 옹. 하늘에 속한 사람이었지만 세속적 영달에는 철저히 무능했던 그는 서툰 몸짓으로 지상을 디디나 늘 하늘을 응시하며 달음질쳐 날아오르는 바보새 알바트로스였습니다.

똑똑하고 영리한 자들로 넘쳐나는 요즘 세상에, 이런 바보들이 그립습니다.

36 숭고한 노동력과 창의성이 집약된 사각뿔 결정체

金字塔

쇠 금

글자 자

탑 탑

영어 pyramid | 중국어 金字塔 [jīnzìtǎ] | 일본어 金字塔 [きんじとう]

金은 흙(土) 속에 광물이 들어 있는 모양입니다. 처음에는 구리를 나타냈으나 후에는 쇠와 같은 금속류를 총칭하는 말, 특히 황금을 나타내는 말로 쓰이게 됐습니다. 성씨를 나타낼 때는 '김'으로 읽습니다.

字는 집(宀)에서 자녀(子)에게 가르치는 것이 '글자'라는 뜻입니다.

塔은 주로 땅(土)에 있는 흙이나 돌 등으로 세웠기 때문에 土가 부수로 쓰였습니다.

金字塔은 문자 그대로 金자 모양을 가진 탑입니다. 피라미드의 외양을 표현한 말이지요.

고대 이집트 문명을 대표하는 피라미드는 무려 4500여 년 동안 인류에게 신비와 경외의 대상이 되어 왔습니다.

카이로 근처 나일 강 유역의 기자Giza에 있는 세 개의 피라미드가 가장 유명합니다. 이 거대하고 높은 탑은 인간의 꿈이 담긴 건축물이며 인간이 결코 극복할 수 없는 중력에 대한 최대한의 저항이었습니다.

쿠푸 왕
이집트 고왕국 제4왕조의 제2대 파라오

그중에서도 쿠푸 왕의 피라미드는 높이 147미터, 둘레 230미터, 평균 무게 2.5톤의 돌 230만 개로 쌓아올린 것입니다. 10만 명이 20년에 걸쳐 완공한 大役事대역사였다고 합니다. 그 거대함은 물론, 돌과 돌 틈으로 칼날조차 들어가지 않게 쌓은 정교함이 놀랍기만 합니다.

1889년 5월 6일, 프랑스혁명 100주년을 기념하여 개최한 만국박람

회에서 으뜸 볼거리로 선보인 에펠탑이 만들어지기 전까지는 쿠푸 왕의 피라미드가 세계에서 가장 높은 건축물이었다고 합니다.

그래서 金字塔은 '후세에 길이 남을 불멸의 업적'을 비유하는 말로도 쓰입니다.

피라미드가 있는 이집트는 한자어로 埃及^{애급}이라고 씁니다.

노예 생활을 하던 이스라엘 백성들을 이집트에서 탈출시킨 지도자 모세의 이야기를 담은 책을 〈출애굽(급)기〉라고 하구요.

埃及^{애급}의 埃^애는 먼지를 뜻합니다. 사막의 모래 먼지가 떠오르지요?

埃 먼지 애 | 及 미칠 급

埃^애와 같은 뜻을 가진 글자로 塵^{티끌 진}이 있습니다.

鹿^{사슴 록}에 土^{흙 토}가 합쳐져서 사슴 떼들이 달려가면서 일으키는 흙먼지를 나타냅니다.

광부들의 폐에 오랫동안 먼지가 많이 쌓여 생기는 병인 塵肺症^{진폐증}과 티끌과 먼지, 즉 세상의 속된 것을 뜻하는 塵埃^{진애}라는 낱말에 사용됩니다.

중국인들은 외래어를 그대로 표기하지 않고 의역을 하거나 음차를 합니다.

意譯^{의역}은 발음과 상관없이 뜻을 살려 표현하는 것을 말하는데요, 컴퓨터를 電腦(전기 뇌), 마우스를 鼠標(쥐 표시), 그룹 퀸을 皇后樂隊(황후 음악대)라고 하는 것이지요. 음차는 음(音)을 빌려(借) 자기들의 말로 표기하는 것을 말합니다. 까르푸를 家樂福(가락복:가족이 즐겁고 행복해진다), 코카콜라를 可口可樂(가구가락:입이 즐거워진다) 등으로 표시합니다.

이 모두 밀려드는 외래문물 앞에서 자문화에 대한 자존심을 지키려는 발상이지요.

우리의 무분별한 외국어 남용을 부끄러워할 줄 알아야겠습니다.

한

개인의

불사를 위한

무덤이 아니라

널리 세상을 이롭게 할

희망과 신심과 용기로 어우러진

아름다운 마음의 탑 정성껏 놓으며 삽시다

37 노란 옷 입은 최고의 싱어

黃 누를 황
鳥 새 조

영어 Chinese oriole | 중국어 黄鹂[huánglí] | 일본어 黄鳥[こうちょう]

기원전 19년, 고구려의 시조 朱蒙^{주몽, 동명성왕}의 아들인 琉璃^{유리}는 우여곡절 끝에 아버지를 만나 태자로 책봉된 뒤 고구려의 2대 왕이 됩니다.

그는 본부인이었던 宋氏^{송씨}가 죽자 외로움을 달래려 雉姬^{치희}와 禾姬^{화희} 두 여인을 후실로 맞아들입니다. 치희는 漢^한나라 출신이고 화희는 고구려 鶻川^{골천} 사람입니다.

유리왕이 사냥을 나간 사이 두 사람이 서로 싸웠는데, 그때 모멸감을 느낀 치희가 화가 나서 한나라로 돌아가 버립니다.

漢은 중국의 통일왕조로 중국 역사상 가장 강대했던 시기였다. 오늘날 중국인들을 부를 때 사용하는 한족 역시 이 왕조의 이름에서 유래된 것이다

이 소식을 듣고 유리왕이 급히 달려갔지만 치희를 붙잡지 못하고 홀로 돌아오지요.

유리왕은 돌아오는 길에 잠시 나무 그늘 아래에서 쉬다가 진노란 꾀꼬리(黃鳥) 한 쌍이 정답게 노니는 모습을 봅니다. 이때 읊은 시가 黃鳥歌 황조가라고 전해집니다.

翩翩黃鳥   훨훨 나는 저 꾀꼬리
편 편 황 조

雌雄相依   암수 서로 정답구나
자 웅 상 의

念我之獨   외로워라 이내 몸은
염 아 지 독

誰其與歸   뉘와 함께 돌아갈꼬
수 기 여 귀

이 시는 꾀꼬리라는 자연물을 빌려서 자기 감정을 표현한 우리나라 최초의 서정가요입니다. 한 사람의 외로운 심정이 집약되어 있지만, 지명과 인명을 살펴보면 집단 서사시의 성격을 엿볼 수 있습니다.

고구려 여인 화희가 한나라 여인 치희를 내쫓는다는 것은 고구려가 한나라의 영향력에서 벗어나는 과정을 의미하기 때문이지요. 한자로 보면 더욱 실감이 납니다.

翩翩 새가 나는 모양. 중첩되는 한자어는 의성어나 의태어를 나타냄 | 依 기댈 의 | 念 생각 념 | 獨 홀로 독 | 誰 누구 수 | 與 더불어 여 | 歸 돌아갈 귀

한나라 출신 雉姬^{치희}의 雉는 꿩을 나타내고 고구려 鶻川^{골천} 출신 禾姬^{화희}의 禾는 벼를 나타냅니다.

雉岳山 영서(嶺西:대관령의 서쪽) 지방의 명산. 은혜 갚은 꿩 이야기가 깃들어 있어 치악산으로 명명되었다

골천의 鶻^골은 송골매입니다. '꿩 잡는 게 매'라는 말도 있지요.

그러므로 황조가는 쫓겨나는 치희를 통해 고구려가 대륙 세력인 한나라를 극복해 가는 과정을 보여 준다고 할 수 있습니다. 또한 사냥감의 대명사인 꿩이 농사의 상징인 벼에게 쫓겨 간다는 것은 狩獵^{수렵}시대에서 水稻作^{수도작}시대, 즉 농경시대로 넘어감을 알리는 것으로 보입니다.

꿩은 몸집이 크고 고기 맛이 좋으며 깃털이 화려하여 식용, 장식용으로 매우 인기가 좋았습니다. 그래서 몽골이나 우리나라에서는 매를 이용한 꿩 사냥이 성행했지요.

원나라의 속국이었던 고려 충렬왕 때는 원나라가 조공품으로 매를 요구하자 매를 잡아 길들이는 관청인 鷹坊^{응방}을 설치하여 백성들을 동원하였습니다. 가뜩이나 생활고에 지친 백성들은 더욱 힘겨운 나날

稻 벼 도 | 作 지을 작 | 鷹 매 응 | 坊 관청 방

을 보내야 했습니다.

꾀꼬리는 선명한 노란색 깃털을 가지고 있어 **金衣公子**금의공자, 즉 황금빛 옷을 입은 귀공자라고도 불렸습니다. 또 겁이 많아 주로 높은 나무 위에 앉고 나뭇잎에 몸을 숨기는 은신술의 귀재이기도 하지요. 그래서 노랫소리가 들려도 꾀꼬리가 어디 있는지 찾아내기는 대단히 어렵습니다.

숨바꼭질할 때 술래가 '못 찾겠다 꾀꼬리—!' 하고 외치는 것도 이 때문입니다.

우리나라 어디에서나 볼 수 있던 여름 철새 꾀꼬리들을 이제는 찾아보기 쉽지 않습니다. 청아한 꾀꼬리 소리가 사라진 교정 숲에서 텅 빈 여름 하늘을 바라보며, 새들이 뜨는 세상이라면 인간도 결국 살아갈 수 없다는 진리를 곱씹어 봅니다.

鬼才 귀신 귀, 재주 재

38 백두산이 대간을 타고 남으로 내려와 마지막으로 머무는 곳

智異山

지혜 지

다르다 이

뫼 산

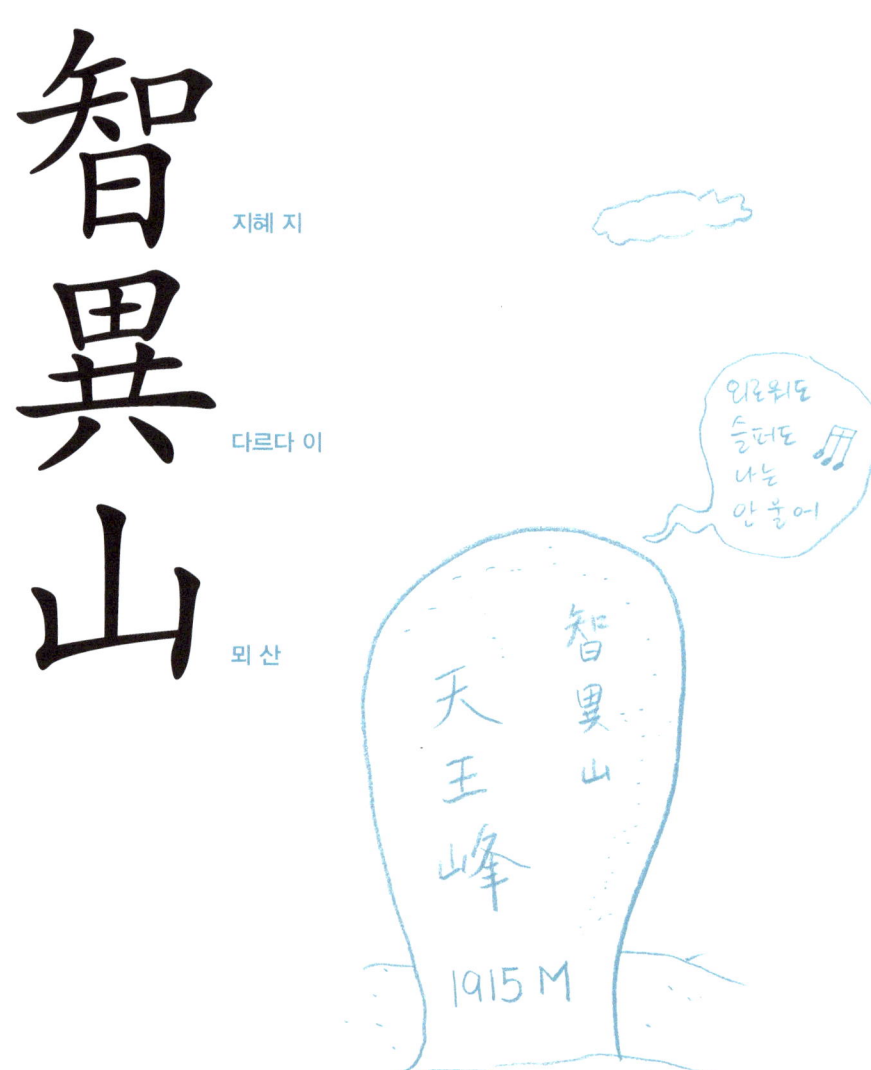

智異山^{지리산}은 한자음 그대로 읽으면 '지이산'입니다. 지이산이 지리산으로 발음되는 것을 滑音調^{활음조} 현상이라고 합니다.

발음하기 어렵고 듣기 거슬리는 소리를 부드러운(滑) 소리(音)로 조절(調)하는 음운 현상을 말하는 것이지요. 한나산(漢拏山)을 한라산으로 읽는 것도 한 예입니다.

氵^{물수}를 부수로 하는 滑은 미끄럽다, 부드럽다는 뜻을 가지고 있습니다. 기계가 맞닿는 부분의 마찰을 줄여주는 潤滑油^{윤활유}, 스키 타고 미끄러져 내려오는 것을 뜻하는 滑降^{활강}, 일이 잘 되는 것을 의미하는 圓滑^{원활}, 비행기 滑走路^{활주로} 같은 말에 등장하지요.

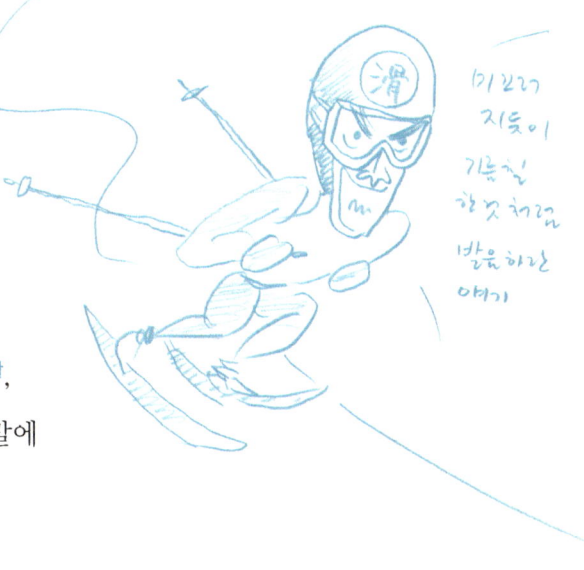

좁디좁은 반도의 땅에서 1억 3천만 평의 넓디넓은 품으로 민족사의 수없는 생채기들을 보듬어 안고 있는 어머니 산, 智異山. 그 제일봉이 天王峰^{천왕봉}입니다.

漢拏山^{한라산} 산이 높아 산정에 서면 은하수(漢)를 잡아당길(拏) 수 있다는 뜻

퇴계 이황
退溪 李滉 1501-1570

남명 조식
南冥 曺植 1501-1572

　이황과 쌍벽을 이루었던 재야의 대학자 조식 선생은 산천 유람을 즐겼는데 특히 지리산을 좋아해 60대에는 아예 천왕봉이 보이는 곳(現 경남 산청군)에 山川齋 산천재를 짓고 거처하며 후학을 양성했습니다.
　그가 천왕봉을 노래한, 기백 넘치는 시 한 편을 감상해 봅시다.

請看千石鐘 보게나 저 천석들이 종을
청 간 천 석 종

非大扣無聲 크게 치지 않으면 두들겨도 소리나지 않는도다
비 대 구 무 성

萬古天王峰 아, 만고의 천왕봉이여
만 고 천 왕 봉

天鳴猶不鳴 하늘이 울어도 아니 우는구나
천 명 유 불 명

천왕봉 정상 표지석 뒷면에는 '韓國人의 氣像 ^{기상} 여기서 發源 ^{발 원}되다'라고 새겨져 있는데 원래는 이 시의 한 구절인 '하늘이 울어도 아니 우는 뫼'가 있었다고 하지요.

스승의 막힘 없이 웅장한 기상을 이어받은 그의 제자들은 임진왜란이 일어나자 저마다 의병장이 되어 활약합니다. 홍의장군 곽재우, 김천일, 정인홍 등이 그들입니다.

어리석은 사람이라도 이곳에 올라 보면 지혜로운(智) 사람으로 변모(異)한다는 지리산. 하찮은 일에도 쉬 흥분하고 흔들리는 경박한 단세포적 시대에 오랜 세월 미동조차 없이 자리를 지켜온 그 의연함을 배우라고 지금도 천왕봉은 존재하는가 봅니다.

39 되놈 넘어오던 고개

狄 오랑캐 적

踰 넘을 유

嶺 고개 령

山 뫼 산

脈 맥 맥

중국 漢民族한민족은 예로부터 자기 민족의 우월성을 자랑해 왔는데 이를 中華思想중화사상이라고 합니다. 中은 지리적인 면에서 세계 중심이란 뜻이며 華는 가장 찬란한 문명을 나타냅니다.

그래서 그들은 주변의 다른 민족들을 天子천자의 윤택을 입고 교화되어야 할 '오랑캐'로 불렀지요.

동쪽 오랑캐는 夷이, 서쪽 오랑캐는 戎융, 남쪽 오랑캐는 蠻만, 북쪽 오랑캐는 狄적이라고 하였습니다. 夷와 戎에는 각각 전쟁무기인 활(弓)과 창(戈)이 들어 있고 蠻에는 벌레(虫), 狄에는 개(犭)가 들어 있는 것만 보아도 그들의 시각과 인식이 어떠했는지 잘 알 수 있습니다.

오랑캐는 원래 북방 女眞族여진족을 일컫는 말이었는데 시간이 지나면서 '문명이 없는 야만 민족'이란 의미로 확장되었습니다.

우리나라도 이 여진족의 침략을 자주 받았는데 그들의 침략 루트가 바로 狄踰嶺山脈이었습니다. 우리말로 '되너미 고개'인데 중국인들을 낮춰 부르는 말인 '되놈'들이 넘어오는 고개란 말입니다.

한자로 풀어 보면 북쪽 오랑캐(狄)가 넘어오던(踰) 고개(嶺)를 나타냅니다.

한국전쟁 당시 중국군(당시 中共軍으로 불림)이 개입하면서 鴨綠江압록강을 건너 넘어온 곳도 狄踰嶺山脈입니다.

踰 넘을 유, 辶이 들어가서 '넘다'를 뜻함
嶺 고개 령, 山이 들어가서 '잇닿아 뻗어 있는 산줄기'를 뜻함

여진족
만주, 한반도 북부를 주무대로
활동하던 퉁구스 계통의 민족.
17세기에 이르러 만주족으로 불림.
숲나라를 세우고 훗날 淸나라로 이어져
중국을 다스림.

    6.25라고 불리는 동족상잔의 비극이 일어난 지도 어느덧 60년이 넘었습니다.

    어릴 적 여자아이들이 고무줄 놀이를 할 때 부르던 노래가 아직도 귓가에 맴돕니다.

    "무찌르자 오랑캐 몇백만이냐(…)

    나아가자 나아가 승리의 길로"

　아군과 적군으로 피비린내 나는 전쟁을 치렀지만 한국과 중국은 1992년 수교 이래 정치, 경제, 사회, 문화 등 전 분야에 걸쳐 비약적인 협력 관계를 맺어 오고 있습니다.

　공자의 7대손 공빈이 지은 『東夷列傳 동이열전』에 보면 우리 민족에 대해 다음과 같이 언급되어 있습니다.
　"그 나라가 크지만 남의 나라를 업신여기지 않았고, 군대가 강했지만 다른 나라를 침범하지 않았다. 또 풍속이 淳厚 순후해서 다니는 이들이 서로 양보하고, 음식을 먹는 이들이 밥을 서로 양보하고, 남자와 여자가 따로 거처해 함부로 섞이지 않으니, 이르기를 동방의 예의 바른 군자의 나라(東方禮儀君子之國)라고 했다. 그래서 나의 할아버지 공자께서 동이에 살고 싶어 하셨다."

여기에서 東方禮儀之國^{동방예의지국}이라는 말이 나온 것입니다.

중국과의 관계가 이렇게 변화된 것처럼, 반만년에 이르는 동안 같은 땅에서 살고 같은 언어를 써 온 한민족 남북한도 이제 전쟁의 상처를 서로 치유하고 양보하고 도와주며 더불어 살아가는 新 동방예의지국 시대를 열어가야겠습니다.

40 인간의 마음은 롤러코스터

餘 남을 여
桃 복숭아 도
之 어조사 지
罪 허물 죄

餘桃之罪여도지죄란 먹다 남은 복숭아를 준 죄라는 뜻으로, 사랑을 받을 때는 용서가 되던 일이 마음이 식고 나면 거꾸로 화가 되는 경우를 말합니다.

餘는 食먹을식에 余나여를 합친 글자로 음식을 나 혼자만 먹으면 먹고도 남는다는 뜻입니다.

한비자의 說難세난편에 다음과 같은 이야기가 나옵니다.
衛위나라에 彌子瑕미자하라는 젊고 잘생긴 신하가 있었습니다. 미자하는 왕의 총애를 한몸에 받고 있었습니다.
어느 날 밤 그는 어머니가 위독하다는 전갈을 받고 즉시 궁 안으로 들어가 왕의 수레를 몰고 고향으로 가 버렸습니다.

說 말씀 설, 달랠 세

당시 위나라는 왕의 수레를 허락 없이 몰면 발뒤꿈치를 자르는 刖
刑^{월형}을 내렸습니다. 刖刑은 다음 네 가지와 함께 중국 5대 형벌 중
의 하나였습니다.

劓刑^{의형} : 코 베기

黥刑^{경형} : 얼굴에 죄명 새겨 넣기

宮刑^{궁형} : 생식기 자르기

大辟^{대벽} : 목 베기

다음 날 아침, 보고를 받은 왕은 노하기는커녕 자기 발꿈치가 잘려 나가는 사실도 잊어버릴 정도로 효성이 지극한 자라고 크게 칭찬을 하였습니다.

또 한번은 왕이 신하들과 더불어 후궁의 과수원을 산책한 적이 있는데 미자하가 갑자기 복숭아나무에 올라가더니 잘 익은 복숭아 하나를 따서 한 입 베어 먹고는 왕에게 먹으라고 주었습니다.

이렇게 무례한 행동을 했는데도 도리어 크게 칭찬을 받았습니다.

無禮 없을 무, 예도 례(예)

그러나 세월이 흘러……

미자하는 늙고, 왕의 총애도 식어 갔습니다.

어느 날 미자하가 왕에게 잘못을 저지르자 왕은 지난 일들을 언급하며 죄를 물었다고 합니다.

韓菲子(한비자)는 이 고사의 끝에 다음과 같이 덧붙였습니다.

"미자하의 행동은 처음과 변한 것이 없다. 그러나 전에는 칭찬을 들었던 일이 후에는 죄가 되었다. 그것은 사랑이 미움으로 변했기 때문이다. 그러므로 왕에게 사랑을 받고 있으면 재주가 표적을 맞추어 친함이 더해지고, 미움을 받고 있으면 재주가 표적을 벗어나 죄가 됨이 더해진다. 따라서 遊說客(유세객)들은 왕의 사랑과 미움을 잘 살핀 후에 유세해야 한다."

이 말을 한 한비자도 진시황에게 등용이 되었으나 결국 의심을 사서 사약을 받고 죽습니다.

인간의 마음이 쉬 변한다는 사실과 상황의 변화 속에서 마음을 얻는 설득력을 갖추는 것이 얼마나 어려운지를 역설하는 이야기입니다.

遊說客(유세객) 정치적 지배력을 확보하지 못한 지식인들 중 각지의 제후들을 찾아다니며 정치적 구상과 포부를 열심히 설명하여 등용되기를 바라던 이들

鳳凰信天翁狄踰嶺山脈黃鳥智異山金字塔餘桃之罪 放火山烏棲花上發獅子 石榴駱駝歸來 本能沙漠飛

한자책의 기초

부록

1. 한자의 비밀을 여는 열쇠, 部首부수
뜻글자인 한자에서 부수를 아는 것은 수학의 공식을 아는 것과 마찬가지!
총 214자 중 자주 쓰이는 99자를 그림과 함께 익힌다.

2. 원본으로 보는 『한자는 즐겁다』
『한자는 즐겁다』를 탄생시킨 원본 글·그림, 그 생생함을 만난다.

 어금니 **아**

음식물을 으깨는 역할을 하는 이

 높을 **고**

높고 웅장한 건물

 돌 **석**

절벽 아래에 있는 바위

 밥 **식**

밥그릇에 가득 담긴 밥

 덮을 **멱**

물건 덮은 보자기

 오이 **과**

잘 익은 오이

 쉬엄쉬엄 갈 **착**

사거리 한가운데 있는 발

 얼음 **빙**

물이 서로 엉겨붙어 언 것

 글월 **문**

넓은 가슴에 새긴 문신

 밭 **전**

가로, 세로 경계를 지어 붙어 있는 밭

흙 토
땅 위에 뭉쳐진 흙

집 엄
큰 바위나 언덕에 지붕을 덧대어 지은 집

손톱 조
아래쪽을 향해 벌린 손

언덕 부
계단처럼 층이 진 언덕

거북 귀
거북이를 세워 두었을 때의 옆모습

새 추
자세히 묘사한 새의 깃털

개 견
꼬리를 치켜든 개의 옆모습

비 우
하늘에서 떨어지는 빗방울

소 우
소의 머리

머리 혈
무릎을 꿇고 앉은 사람의 머리

가는 실에 꿴 세 개의 옥구슬

끝이 뭉툭하고 자루가 굽어 있는 도구

반듯하고 네모난 상자

흘러가는 물

포옹하듯 무언가를 감싼 모습

활활 타오르는 불꽃

자주 사용하는 오른손

하늘에 떠 있는 태양

앙상하게 남은 뼈

가느다란 모양의 달

뿌리, 줄기, 가지를 가진 나무

바닥에 정지해 있는 발

사람이 입을 크게 벌리고 하품하는 모습

활 모양

다섯 손가락을 펼친 손

낫이나 갈고리가 붙은 긴 나무 자루

막대기를 들고 내리치는 모습

수염이나 머리털이 아름답게 드리운 모습

곡식이나 음식물을 되는 바가지 모양의 기구

기둥에 달린 지게문 한 짝

주검 시
옆으로 몸을 굽혀 누워 있는 사람

집 면
고깔 모양의 지붕

장인 공
직각 자 따위의 공구

아들 자
두 팔을 벌린 아이

메 산
세 개의 봉우리가 잇닿아 있는 산

마디 촌
손목 부근의 맥박이 뛰는 점

수건 건
드리운 베

입 구
크게 벌린 입

계집 녀
다소곳이 두 손을 모으고 앉은 여자

저녁 석
저녁 하늘에 떠오른 달

에워쌀 위

둘러싼 성벽

눈 목

눈동자까지 표현한 눈

큰 대

두 팔과 다리를 크게 벌리고 서 있는 사람

화살 시

날카로운 화살촉이 달린 화살

병들어 누울 녁

병들어 침대에 누워 있는 사람

보일 시

제물이 놓인 제사상

그릇 명

받침(굽)이 있는 고급 그릇의 한 부분

벼 화

열매가 달려 고개 숙인 벼

가죽 피

손에 칼을 쥐고 짐승 가죽을 벗기는 모습

구멍 혈

구멍을 뚫고 양쪽에 받침목을 세워 놓은 동굴

대나무 **죽**
곧게 자라는 대나무와 세 갈래 잎사귀를 상징

깃 **우**
날짐승의 깃털

쌀 **미**
벼 이삭과 그 위아래로 흩어져 있는 낱알

귀 **이**
귓바퀴와 귓불

장군 **부**
술이나 물을 담아 나르던 토기

고기 **육**
자른 고기 한 점의 단면

그물 **망**
촘촘하게 짠 그물

사슴 **록**
머리에 난 두 개의 뿔과 발굽이 달린 긴 다리를 가진 사슴

양 **양**
뿔이 있는 양의 머리

쥐 **서**
이빨과 다리, 몸통, 꼬리까지 표현한 쥐

이 치
가지런히 맞물린 앞니

다닐 행
사람들이 오가는 사거리

용 룡
상상의 동물인 용

옷 의
옷깃을 여미고 소매를 양쪽으로 벌린 윗옷

배 주
앞뒤가 네모나고 바닥이 평평한 중국 배

볼 견
사람이 눈을 크게 뜨고 무언가를 바라보는 모습

풀 초
땅 위로 나온 두 포기의 풀

말씀 언
말을 할 때 중요한 역할을 하는 혀

벌레 충
고개를 바짝 치켜든 뱀(고대에는 기어 다니는 것을 다 벌레로 보았음)

달릴 주
양팔을 흔들며 힘차게 발을 내딛고 달리는 동작

발 족
종아리에서 이어지는 발

조개 패
몸통 아래로 쏙 나온 조갯살

몸 신
임신한 여자의 옆모습

뿔 각
뾰족한 뿔

닭 유
입구가 좁고 바닥이 뾰족한 술단지

사람 인 (亻)
옆으로 서 있는 사람

문 문
문틀에 달려 있는 문 두 짝

도끼 근
나무 자루에 달린 도끼

돼지 시
세워 놓은 돼지

실 사
뭉쳐 놓은 실타래

기와 **와**
나란히 이어 놓은 암수 기와

새 **조**
꼬리가 긴 새

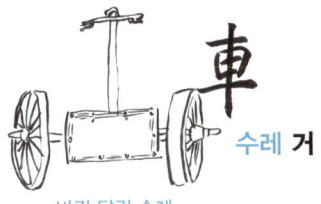
수레 **거**
바퀴 달린 수레

쟁기 **뢰**
손잡이와 보습이 달린 농기구 쟁기

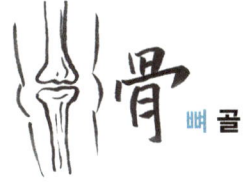
뼈 **골**
고기가 얼마 안 붙어 있는 앙상한 뼈

쇠 **금**
녹인 쇳물을 부어 도구를 만드는 거푸집

말 **마**
갈기를 휘날리며 달려가는 말

검을 **흑**
그을음이나 검댕을 가득 묻힌 얼굴

고기 **어**
세워 놓은 물고기

銀 杏
은(운) 살구(행)

은행의 일본식 발음
↓
ginkgo

'은행'은 열매가 살구(杏)와 비슷하고 껍데기가 은(銀)빛이 난다고 붙여진 이름입니다.

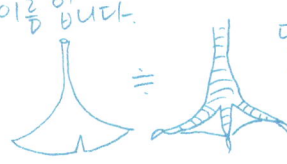

또 잎사귀가 오리발과 닮았다고 '鴨脚樹'라 불러기도 합니다.
오리(압) 다리(각) 나무(수)

공자(孔子)는 약 2500여년 전 춘추시대 노(魯)나라때 지금의 산동성 곡부(曲阜)의 야외 학습장인 행단(杏壇)에서 제자들을 가르쳤다고 전해집니다. 이때 杏은 '살구'가 아니라 '은행'으로 보아야 합니다.

누~가 수업 들이래?

장미과 소교목인 살구나무는 많이 자라야 10m 이고 병충해에도 약합니다. 거목으로 자라며 해충에 매우 강한 은행나무라야 매일 그 그늘 아래에서 공부할 수 있을 것입니다.

유교와 관련된 곳에는 거의 은행나무가 심겨져 있는 것이 그 증거이죠.

우리나라 3대 서원인 안동 '도산서원', 경주 '옥산서원', 대구 '도동서원'에도 어김없이 은행나무가 심겨져 있습니다. 이렇듯 해충, 공해 등에 강하고 공기 정화능력이 뛰어나 도시의 가로수로 많이 심습니다.

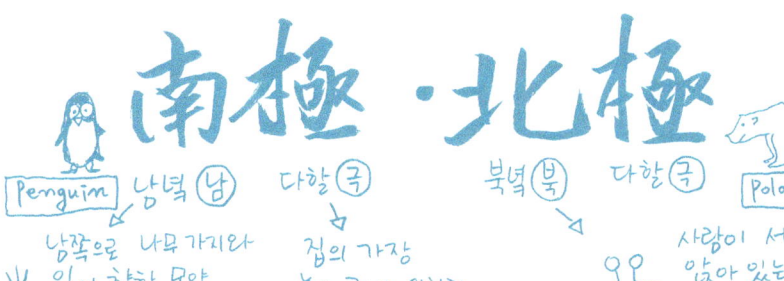

南極・北極

- Penguin 남녘(남): 남쪽으로 나무 가지와 잎이 향한 모양
- 다할(극): 집의 가장 높은 곳에 위치한 대들보(木)
- 북녘(북): 사람이 서로 등지고 앉아 있는 모양. 사람은 밝고, 남향을 좋아하는데 그 반대쪽
- 다할(극)
- Polar Bear

두 극지방은 눈과 얼음으로 뒤덮힌 세상에서 가장 춥고 바람이 많이 불며 외진 곳입니다.
그런데 북극은 해양이고 남극은 대륙이어서 바다에 비해 온도 변화가 심한 땅에 위치한 남극이 북극보다 더 춥습니다.

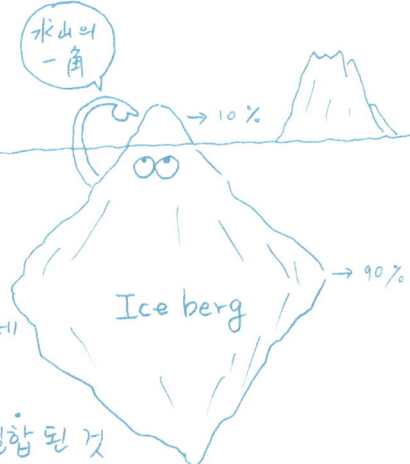

氷山의 一角
Ice berg
→ 10%
→ 90%

물이 얼게되면 부피가 10% 정도 늘어나고 부력을 받기 때문에 빙산은 물에 뜨는 것이고 90%가 물에 잠겨 있습니다.

한자어로 얼음이 어는 것을 '결빙' 얼음이 녹는 것을 '해빙'이라고 하는데 이는 매우 과학적 표현입니다.

- 結氷 : 물의 입자들이 조밀하게 결합 된 것
- 解氷 : 그 결합된 것이 풀어지는 것

풀(해) 얼음(빙)

극지방의 환경이 개발과 오염등으로
급격히 변화하고 있습니다.
얼음이 녹으면서 지구 온난화가 계속
되는데 그 이유는 빙하가 지금까지
햇볕을 반사해서 지구온도를 유지
시키는 기능을 해왔기 때문이죠

"우릴 에스키모 라고 하지 말고 '이누이트' 족이라 불러주삼"

"미국은 온실가스 배출 규제 좀 풀어주~"

"얼음이 녹고 있슈"

"대책없는 주거지 철거 중단하라!!!"

생활 속 에너지
절약과 친환경 에너지 개발로 화석연료
사용을 억제하는 노력이 필요합니다.
" 지구 온난화를 막는 방법은 지금 당장
나부터 불편하면 된다 !!! "

"북극곰은 걱정됩니다~"

이 극심한 추위와 극한의 상황에서
극도의 인내심을 발휘하는
이 지극한 父情

"시속 150km의 바람 영하 50℃의 추위 나개월 동안 밤만 계속되는 남극의 겨울!!!"

펭귄은 겉모습이 턱시도를
입은 것 같고 특히 황제펭귄의
수컷은 알을 품을 때 두 발 위에
올려 놓고 쪼그리고 앉아 꼼짝않고
매서운 추위와 강풍속에서 굶주림과
싸우며 긴 겨울의 어둠을 견뎌내므로 '남극의 신사'
라고 불립니다. " 아버지, 당신을 사랑합니다 "

"엄마는 빙산 아래~ 크릴 새우 잡으러 가고~"

"청렴은 牧民官의 本務요, 모든 善의 근원이요 덕의 바탕이니 청렴하지 않고서는 능히 관리가 될 수 없다" - 정약용 -

뇌물 줄 (뢰) → (뇌)
두음법칙

물건 (물)

춘추시대 송(宋) 나라에 한 농부가 있었습니다. 그가 어느날 밭을 갈다가 귀한 옥을 발견하였는데...

그는 그 옥을 당시 유명한 문신이었던 자한(子罕)에게 갖다 바쳤습니다.

그러나, 자한은 반지 않았고 농부에게 다음과 같은 말을 해주었습니다.

'자네는 옥을 보배로 여기고 나는 그것을 받지 않는 것을 보배로 여기니 지금 내가 그것을 받게 되면 자네나 내가 모두 보배를 잃게 되는 것이니 서로 보배로 삼고 있는 것을 각자 가지고 있는 것만 같지 못하이네'

'賄賂' 자는 돈이나 재물등을 뜻하는 조개 패(貝)와 각기 각(各)이 합쳐져서 만들어진 글자입니다. 즉 어떤 권한이나 지위에 있는 사람에게 개별적(各)으로 댓가를 바라고 돈이나 물품 (貝)따위를 몰래 건네는 행위를 뜻합니다.

권력이 생기고 지위가 올라갈때 이 자한의 이야기를 잊지 않아야 겠습니다.

'너는 뇌물을 받지말라. 뇌물은 밝은 자의 눈을 어둡게 하고 의로운 자의 말을 굽게 하느니라' (출애굽기 23:8)

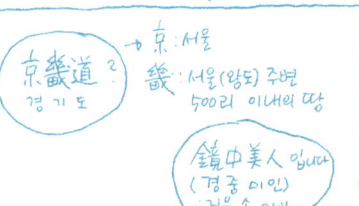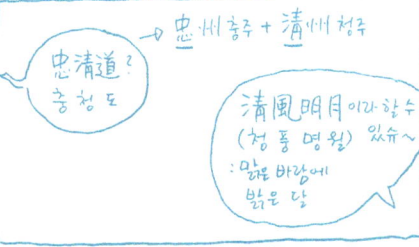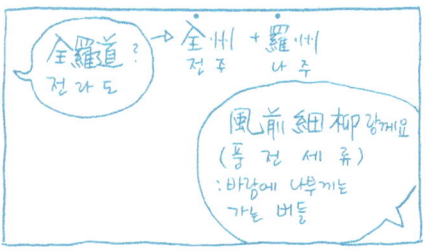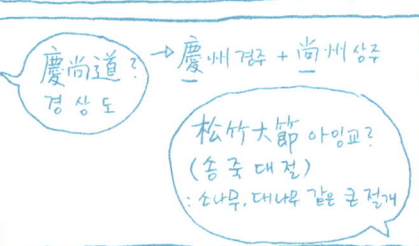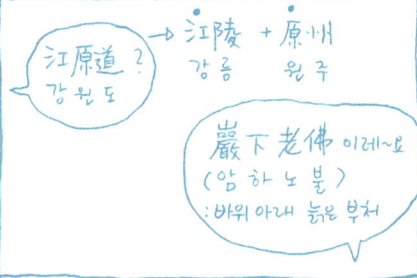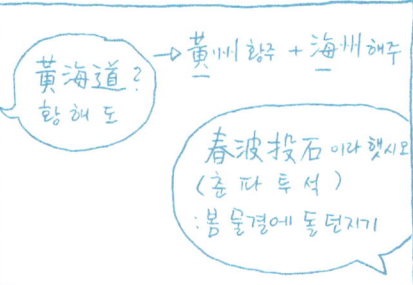

팔도 사람들의 기질적 문화적 다양함들이 어우러지며 반만년을 함께 살아온 이 땅. 이제 갈라진 것 하나없는 순결한 겨레를 위한 피눈물의 꿈들이 끝내 이루어지길 소망합니다.

'불효자의 때늦은 탄식'

風樹之嘆
바람 풍   나무 수   어조사 지   탄식할 탄

춘추시대 노(魯)나라에 노래자(老萊子)라는 사람이 있었습니다.
그는 70세 노인이 되어서도 알록달록한 아이옷을 입고 부모님 앞에서-

재롱을 부려 부모를 즐겁게 하였던 효자였습니다.
이 고사에서 지극한 효성을 나타내는 斑衣之戲 (반의지희)
                                    얼룩 옷 놀다

라는 말이 나왔습니다.

또 한(漢)나라때 효자로 유명했던
한백유(韓伯兪)라는 사람이 있었습니다.
그는 부모가 늙지 않았을때의 매질은 아무리
매섭고 아파도 자식을 걱정해 때리는 부모의
마음을 헤아려 자신의 얼굴에 변화를 드러
내지 않았습니다. 그런데
세월이 흘러 어느날...

반야심경 7가지 비교

삼현원창 편역

번역사업 기지 비교

숭실대학교 출판

일러두기

1. **什】** 구마라집鳩摩羅什역 마하반야바라밀대명주경 摩訶般若波羅蜜大明咒經[1]

2. **奘】** 현장玄奘역 반야바라밀다심경般若波羅蜜多心經[2]

3. **月】** 법월法月역 보편지장반야바라밀다심경普遍智藏般若波羅蜜多心經[3]

4. **若】** 반야般若와 이언利言이 함께 번역한 반야바라밀다심경般若波羅蜜多心經[4]

5. **輪】** 지혜륜智慧輪역 반야바라밀다심경般若波羅蜜多心經[5]

6. **成】** 법성法成역 반야바라밀다심경般若波羅蜜多心經[6]

7. **護】** 시호施護역 불설성불모반야바라밀다경佛說聖佛母般若波羅蜜多經[7]

읽기 후기

1. 책」 을 읽기 전보다 읽은 후에, 이해하기에 더 쉬워졌다.
   資料蒐集顯著大의 関光籠」

2. 읽기 後에 책의 내용이 더 선명하게 記憶되었다.
   記

3. 읽기 앞뒤보다 읽은 뒤에 내가 더 잘 설명할 수 있었다.
   記憶持越越고다.

4. 읽기 前後보다 이해력이 좀 더 높아지다
   内容을 더 잘 理解할 수 있다.

5. 圖」 지금 읽은 内容이, 나에게 더 잘 記憶되게 되었다.
   記憶되.

6. 이 책」의 내용이, 머리속에서 더 선명하게 나타났다.
   憶이

7. 圖」 지금 讀後의 효과가 오래동안 머리에 기억되게 되었다.
   憶持越越고다.

1. 序

【月】如是我聞 一時佛在王舍大城靈鷲山中 與大比丘衆 滿百千人 菩薩摩訶薩 七萬七千人俱 其名曰觀世音菩薩 文殊師利菩薩 彌勒菩薩等 以爲上首 皆得三昧總持住不思議解脫.

爾時 觀自在菩薩摩訶薩在彼敷坐 於其衆中卽從座起 詣世尊所 面向合掌 曲躬恭敬 瞻仰尊顔 而白佛言 "世尊 我欲於此會中說諸菩薩普遍智藏般若波羅蜜多心 唯願世尊 聽我所說 爲諸菩薩宣祕法要."

爾時 世尊 以妙梵音 告觀自在菩薩摩訶薩言 "善哉善哉具大悲者 聽汝所說 與諸衆生作大光明."

이와 같이 들었나이다. 한때 부처님께서 사위대성의 영취산에 비구 대중 백천인과 보살

1. 序

[如是我聞] 一時佛在王舍大城靈鷲山中 與大比丘衆千二百五十人 菩薩摩訶薩八萬十八千人俱 其名曰 普光菩薩 大慧菩薩等諸 彌勒菩薩等 以爲上首 皆得三昧總持住不思議解脫.

爾時 觀自在菩薩與諸眷屬在寶樓閣 於其衆中即從座起 詣世尊所 西向合掌 曲躬恭敬瞻仰尊顏 而白佛言:"世尊 我欲於此會中說諸菩薩普遍瑜伽修行威德品 唯願世尊聽我所說 饒益衆生 宣暢法要.

世尊 唯願加護 爲諸菩薩宣說法要."

爾時 世尊 以妙梵音告觀自在菩薩摩訶薩言:"善哉善哉 大悲者 能救衆生 與諸衆生作大光明."

이제 중생이 들을 것이니, 너의 부사의 불가사의한 경지에 미치고 매우 깨끗하고 보신

매시한을 몰랐던 왕을 돌미 함께 재미있었다. 그
이용을 동저씨보음 보시수리고 미보습니다 중
충 예미수 도두 그 있었으며 으끔이 이롱 날

지체를 부드러운 웨일에 물들었다.
이제 맨저재미답보저하실이다. 그 지기에 옳아
있다가 만중기원네 지내에서 지리아 엽제종
이 것소에 기 비보러 지서 합동항고 몸을
순히 동동히 소기한. 종종히 우리보러 부처
남래 말씀으로 있었다.

"제종이시어 이 것들은 모앙에서 보습의 두부
하고 우독히 지체에 종교의 발버려에언이다는
미음을 얻히 말하러 합니다. 비소신에 지체이
시어 제가 말하도록 헐락하소서. 보습들을
유허히 다 그리스도음의 말이 재게 말합니다."

이제 지종에서 묘저사를 미요음법로 저저지보십
시하여 말씀하셨다. "홀륭하다 홀륭하다"
마지비로 것추었다. 그래서 말할 것을 허락하

마하살 칠만 칠천 명과 함께 계셨나이다. 그 이름은 관세음보살과 문수사리보살과 미륵보살 등이 으뜸이 되었나이다. 모두 삼매와 총지總持로 부사의한 해탈에 머물렀나이다.

이때 관자재보살마하살이 그 자리에 앉아 있다가 그 대중가운데 자리에서 일어나 세존의 처소에 가 바라보고 서서 합장하고 몸을 숙여 공경히 존귀한 얼굴을 우러러보며 부처님께 말씀드렸나이다.

"세존이시여 저는 이 모임에서 보살의 두루하고 두루한 지혜의 창고인 반야바라밀다의 마음을 말하려 하나이다. 바라옵건대 세존이시여 제가 말하도록 허락하소서, 보살들을 위하여 비밀스러운 법의 요체를 말하리다."

이때 세존께서 미묘한 범음으로 관자재보살마하살에게 말씀하셨나이다. "훌륭하다 훌륭해 대자비를 갖추었나니 그대가 말할 것을 허락하노라. 대중들에게 대광명을 지어 주어라."

若】 如是我聞 一時佛在王舍城耆闍崛山中
與大比丘衆及菩薩衆俱
時佛世尊卽入三昧 名廣大甚深

　이와 같이 제가 들었나이다. 어느 때 부처님께서 왕사성

　기사굴산에 비구 대중과 보살 대중들과 함께 계셨나이다.

　그때 부처님 세존께서는 삼매에 들어 계셨나니 이름하여 광대하고 깊고 깊은 삼매이니다.

輪】 如是我聞 一時薄誐梵 住王舍城鷲峰山中 與大苾芻衆 及大菩薩衆俱
爾時世尊 入三摩地 名廣大甚深照見

　이와 같이 제가 들어나이다. 언젠가 박아범께서 왕사성 취봉산에 대비구들과 대보살들

그때, 세존께서 대중들에게 마정하시고 수기를 주시니라.

[論] 如是我聞 一時佛在 王舍城耆闍崛山中
與大比丘衆 及菩薩摩訶薩俱
爾時世尊 即入三昧 名曰大寂定

이와 같이 내가 들었사오니, 아~ 네 부처
님께서 앉으사
기사굴산에 비구 대중과 보살 대중들을 힘
께 거느리시니라.
그때 부처님께서 삼매정에 들어가시니 그
이 이름이 대혜정 곧 큰 고해정음이니라.

[論] 如是我聞 一時佛在 王舍城耆闍崛山
中 與大比丘衆 及菩薩摩訶薩俱
爾時世尊 即入三昧 名曰大寂定身
이와 같이 내가 들었사오니, 언제가 부처님
께서 왕사성에 기사굴산에 비구 대중과 보살들

성자 이름들이 끝없이 길고 길어 실제이 우주의 별이나 세계처럼 삼악도에 들어 이제 지재가는 삼악도의 죄가 없어지게 된다.

이에 이 불경의 공덕이 크고 크고 미묘하여 중생이 지옥에 떨어져도 이 경의 공덕과 이름만 들어도 건지게 된다.

이에 성도하기 전에 먼저 많은 사람들이 지옥에서 구해지게 되리니, 깊이 잠에 든 자에게 분명히 3승 해탈의 법문을 펴 그들을 선도(善導)해 감과 같다.

이에 세존께서 깊고 큰 삼지(三智)의 중묘지(衆妙地)에 들어 이 도흥인 대중들과 더불어 등지(等持)의 왕 사자분신(獅子奮迅)이라 하는 삼매 정에 들었나니.

[經] 如是我聞. 一時 薄伽梵 在王舍城鷲峯山
中 與大苾蒭衆 及諸菩薩摩訶薩衆
聞是事 善人甚探明了三摩地法之異門
이에 들이 지혜가 들었나이다. 깊이지 아니하
거사 온선을 유봉한 기운에 대하여 들그리 보실
매하심들과 함께 계셨나이다.

이에 세존께서 깊고 큰 삼지(三智)의
등에 행동히 드셨나이다.

[經] 如是我聞 一時 薄伽梵 在王舍城鷲峯
山 中 與大苾蒭衆 千二百五十八人 并諸菩
薩摩訶衆 無量共圍繞

과 함께 계셨나이다.

　이때 세존께서는 삼마지三摩地에 들어 계셨나니 이름하여 광대하고 깊고 깊이 비추어 봄이니다.

成】 如是我聞 一時 薄伽梵 住王舍城鷲峰山中 與大苾芻衆 及諸菩薩摩訶薩俱
爾時 世尊 等入甚深明了三摩地法之異門

　이와 같이 제가 들었나이다. 언젠가 박가범께서 왕사성 취봉산 가운데 대비구들과 보살마하살들과 함께 계셨나이다.

　이때 세존께서 깊고 깊은 삼마지법의 기이한 문에 평등히 드셨나이다.

護】 如是我聞 一時 世尊 在王舍城鷲峰山中 與大苾芻衆千二百五十人俱 幷諸菩薩摩訶薩衆 而共圍繞

爾時 世尊 卽入甚深光明宣說正法三摩地

 이와 같이 제가 들었나이다. 어느 때 세존께서 왕사성 취봉산에 대비구들 천이백오십 인과 보살마하살들에게 에워싸여 계셨나이다.

 이때 세존께서 깊고 깊은 광명으로 바른 법을 설하는 삼마지에 들어 계셨나이다.

乙巳歲

【十】 觀世音菩薩 行深般若波羅蜜多時 照見五
蘊空 度一切苦厄.

관세음보살이 깊은 반야바라밀다인
미에 오음이 공함을 조견하여 모든 괴로움에
제도하기 행이시나이다.

【美】 觀自在菩薩 行深般若波羅蜜多時 照見
五蘊皆空 度一切苦厄.

관자재보살이 깊은 반야바라밀다를
행할 때 오음이 모두 공함을 비추어 보고 모
든 괴로움이 제도하기 행이시나이다.

【日】 今은 觀自在菩薩 摩訶薩 葉佛陀譯 佛
說聖母 入般遺光三摩正受 入此定已 以上
徧力 行深般若波羅蜜多時 照見五蘊 自性

2. 功德

什】 觀世音菩薩 行深般若波羅蜜時 照見五
陰空 度一切苦厄.

　관세음보살이 행이 깊은 반야바라밀다인
때에 오음의 공함을 조견하여 모든 괴로움과
재앙에서 벗어났나니라.

奘】 觀自在菩薩 行深般若波羅蜜多時 照見
五蘊皆空 度一切苦厄.

　관자재보살이 행이 깊은 반야바라밀다를
행할 때 오온이 모두 공함을 비추어 보고 모
든 괴로움과 재앙에서 벗어났나니라.

月】 於是 觀自在菩薩摩訶薩 蒙佛聽許 佛
所護念 入於慧光三昧正受 入此定已 以三
昧力行深般若波羅蜜多時 照見五蘊 自性

皆空 彼了知五蘊 自性皆空.

　이에 관자재보살마하살이 부처님의 허락을 받고 부처님께서 지키시는 지혜광명의 바른 선정에 들었나니라. 이 선정에 들고 삼매의 힘으로 행이 깊은 반야바라밀다일 때 오온의 본래 본성이 모두 공하다고 비추어 보고 그는 오온의 본래 본성이 모두 공함을 알았나니라.

若】 爾時衆中 有菩薩摩訶薩 名觀自在 行深般若波羅蜜多時 照見五蘊皆空 離諸苦厄.

　이때 대중 가운데 보살마하살이 있었나니 이름하여 관자재이니라. 행이 깊은 반야바라밀다인 때 오온이 모두 공함을 비추어 보고 모든 괴로움과 재앙에서 벗어났나니라.

輪】 時眾中有一菩薩摩訶薩 名觀世音自在 行甚深般若波羅蜜多行時 照見五蘊自性 皆空.

이때 대중 가운데 한 보살마하살이 있었나니 이름하여 관세음보살이었나니라. 행이 깊은 반야바라밀다의 행인 때 오온의 본래 본성이 모두 공함을 비추어 보았나니라.

成】 復於 爾時 觀自在菩薩摩訶薩 行深般 若波羅蜜多時 觀察照見五蘊體性 悉皆是 空.

다시 이때 관자재보살마하살이 행이 깊은 반야바라밀다인 때 오온의 체의 본성이 모두 공함을 관찰하여 비추어 보았나니라.

護】 時觀自在菩薩摩訶薩在佛會中 而此菩 薩摩訶薩 已能修行甚深般若波羅蜜多 觀

見五蘊 自性皆空.

　이때 관자재보살마하살이 부처님의 법회에 있었나니 이 보살마하살은 이미 능히 수행이 깊어 깊은 반야바라밀다로 오온의 본래 본성이 모두 공함을 살펴보았나이다.

見正覺自 蟲王闕空.

이에 도지개매보려하시니 부처님이 법문에
있었나니 이 보살마하살은 이미 응히 수행이
깊어 성문 벽지불피리로 오늘 본내 묵상
이 모두 풍합을 얻었보셨아니다.

3. 問

[원] 翳昏 若有欲學此深法者 承佛威神 合掌恭敬
白諸善薩言 唯願演說.

"저의 깊은 법을 배우기를 원하는 사람이 있다면,
부처님의 위신력을 입어서

합장하고 공경하여 여러 보살에게 이렇게
말씀하십시오.

'원하옵건대 말씀하여 주십시오' 하나이까?"

을 배우려는 이들을 위해 수행해야 하나이까?"

[답]

[원] 卽時一切衆中 其有欲樂 承佛神力 合掌恭敬
白諸菩薩言 唯願演說.

"즉시 일체 대중 가운데 깊은 법문을 배우기를 즐겨
하는가?

3. 問

若】 卽時 舍利弗 承佛威力 合掌恭敬 白觀自在菩薩摩訶薩言

"善男子 若有欲學甚深般若波羅蜜多行者 云何修行?"

 곧 그때에 사리불이 부처님의 위신력을 이어 합장하고 공경히 관자재보살마하살에게 말씀하였나니라.

 "선남자야, 만약 깊고 깊은 반야바라밀다의 행을 배우려면 어떻게 수행해야 하나니까?"

月】
輪】 卽時 具壽舍利子 承佛威神 合掌恭敬 白觀世音自在菩薩摩訶薩言.

"聖者 若有欲學甚深般若波羅蜜多行 云何修行?"

곧 이때 구수사리자가 부처님의 위신을 이어 받아 합장하고 공경히 관세음보살마하살에게 말씀드렸나니라.

"성자시여, 만약 누군가 깊고 깊은 반야바라밀다를 배워 행하려 하면 어떻게 수행하여야 하나이까?"

成】時具壽舍利子 承佛威力 白聖者觀自在菩薩摩訶薩曰.

"若善男子 欲修行甚深般若波羅蜜多者 復當云何修學?"

이때에 구수사리자가 부처님의 위신의 힘을 이어 성자 관자재보살마하살에게 말씀드렸나니라.

"만약 선남자야, 행이 깊고 깊은 반야바라밀다를 닦으려는 이는 다시 마땅히 어떻게 닦고 배워야 하나이까?"

이 들으니, 곧 수사리자가 부처님의 위신을 이
어 합장 공경하고 사리불에게 물어 말씀하시길
"지자시여, 어떤 인연으로 금강 장보살마하살이
미묘한 이와 같은 큰 법을 설하시는가?"

ㅇㅇ하니라.

爾時 諸具壽舍利子 承佛神力 白運菩薩目
言普賢菩薩日

"善男子, 以何因緣金剛藏菩薩摩訶薩 說是
如是妙法?"

이에 수사리자가 부처님의 위신을
이어 합장 공경하여 보현보살에게 말씀
했나니라.

"선남자야, 어떤 인연으로 금강장보살마하
살이 이와 같은 다시 미묘한 이러한
큰 법에야 하는가?"

【解】 論語 述而에서 子가 舍吾執御하리라
고 한 事에 對한 말.

"君子無子 不以人 貪而惡衣惡食者는
未足與議也 라고 한 孔子의 말."

이에 종기 가르치기 부지런이 하신을 이
을에서 능히 반드시에하는것이 못쓴든그니
라.

"어린이 선남자가 이 경이야 이 장고 한 번
이라먹다 법은에서 지게이 말 다음우리는
이 미덕을 이들에게 내우어야 한다."

【護】爾時 尊者舍利子 承佛威神 前白觀自在菩薩摩訶薩言.

"若善男子 善女人 於此甚深般若波羅蜜多法門 樂欲修學者 當云何學?"

이때 존자 사리자가 부처님의 위신을 이어 앞에서 관자재보살마하살에게 말씀드렸나니라.

"만약 선남자나 선여인이 이 깊고 깊은 반야바라밀다 법문에서 기꺼이 닦고 배우려는 이는 마땅히 어떻게 배워야 하나이까?"

4. 答

若】 如是問已 爾時觀自在菩薩摩訶薩 告具壽舍利弗言.
"舍利子 若善男子善女人 行甚深般若波羅蜜多行時 應觀五蘊性空."

 이와 같이 여쭈니 이때 관자재보살마하살이 구수사리불에게 말씀하셨나니라.
 "사리자야, 만약 선남자나 선여인이 행이 깊고 깊은 반야바라밀다행인 때 마땅히 오온의 본성이 공하다 관찰하여야 하나니라."

月】 卽告慧命舍利弗言
"善男子 菩薩 有般若波羅蜜多心 名普遍智藏 汝今諦聽 善思念之 吾當爲汝分別解說"
作是語已 慧命舍利弗 白觀自在菩薩摩訶薩言

4. 答

[問] 이때 長老須菩提가 會衆가운데서 自座로부터 起하여 右肩을 偏袒하고 右膝을 着地하여 合掌恭敬하옵고 舍利弗에게 告하여 말씀하시니라.

"舍利子야 若善男子善女人이 行深般若波羅蜜多時에 照見五蘊皆空하나니라."

이 말씀이 끝나니 이에 수보리존자께서 말씀을 올리시니라.

"사리자야, 만일 선남자나 선여인이 깊고 깊은 반야바라밀다인 이 마음의 동일이 관찰하여야 하나니라."

[답] 長老須菩提命告舍利言

"善男子 善菩薩 若善男子善女人 發阿耨多羅三藐三菩提心 善思念之 當為汝等分別解說"

作是語已 長老須菩提命告舍利佛 自贖自座而起 菩薩尊者 卽從座

起言

"摩訶大悲者 觀察衆生之 수고토록."

등 해도 자리들에게 말씀하였나이다.

"신남자여 보살이 생아뇩다라삼먁의 마음이
있으므로 이름하여, 같이 누구인 지혜의 복잡
는 (보리지성보리심)이라 합니다. 그래서
지는 자재보다 큰 것 생각하여 그것은 지의
하여. 매가 미물이 그대로 하여서 들불에
해올립니다."

이렇게 말하며 예의 수호자가 된지자보살이
어른에게 말씀드렸습니다.

"예, 매우 장엄하신 품이시여. 바라옵건대 저희
하여서 그것을 말씀해주소서. 지금의 미덕이
며, 그것이다."

[論] 述而 問 음... 述而編 音者 自 ㅇ 述而護蒙論
述具蒙祗矛盾.

"述而不作 信而好古 竊比於我老彭"

"唯大淨者 願爲說之 今正是時."

곧 혜명 사리불에게 말하였나니라.

"선남자야 보살이 반야바라밀다의 마음이 있으면 이름하여 '널리 두루한 지혜의 곳집(보변지장普遍智藏)'이라 하나니라. 그대는 지금 자세히 듣고 잘 생각하여 그것을 기억하라. 내가 마땅히 그대를 위하여 분별하여 해설하리라."

이렇게 말하니 혜명수보리가 관자재보살마하살에게 말씀드렸나니라.

"예, 매우 청정하신 분이시여, 바라옵건대 위하사 그것을 말씀해주소서. 지금이 바로 그때이니다."

輪】如是問已 爾時 觀世音自在菩薩摩訶薩 告具壽舍利子言.

"舍利子 若有善男子 善女人 行甚深般若

波羅蜜多行時 應照見五蘊自性 皆空 離諸
苦厄."

 이와 같이 물으니 이때 관세음자재보살마
하살이 구수사리자에게 말씀하셨나니라.
 "사리자야, 만약 어떤 선남자나 선여인이
행이 깊고 깊은 반야바라밀다행인 때 마땅히
오온의 본래 성품이 모두 공함을 비추어 보
고 모든 괴로움와 재앙에서 벗어나야 하나니
라."

護】時觀自在菩薩摩訶薩 告尊者舍利子言
"汝今諦聽 爲汝宣說 若善男子善女人 樂欲
修學此甚深般若波羅蜜多法門者 當觀五
蘊自性 皆空."

 그때에 관자재보살마하살이 존자 사리자에
게 말씀하셨나니라.
 "그대는 지금 자세히 들으라. 그대를 위하

"그러면 지금 자네의 즐거움, 그게를 위해
지 말씀하시다.
그대에 생사제보함양들이 종시 사리지에
經緯自性 智空"
從學共其出家披緇落髮著薩門善知識當
"大乘法 歡喜寶 若善男子善女人 發宣成食 樂於等
醒 被殺自性歡正見明覺 利於等 覺羅界 敬識

라".
고 모든 다. 움은 깨어야지 안이야 합니다.
오온이 본래 상품이 서로 비추이 공감을 모
빛이 고로 중은 보리의여 막이어 마음이
사지어, 걸어 이의 한, 오지라이 상세의인
하니이 수사라지게 말씀하셨습니다.
아이 말씀 들으니 이에 홀연재주 뵘습니다.

空 習
經緯 被自性歡正見明覺 利於等 竈羅界 敬識
"

여 널리 말하리라. 만약 선남자와 선여인이 즐겨 이 깊고 깊은 반야바라밀다의 법문을 닦고 배우려는 이는 마땅히 오온의 본래 성품이 모두 공함을 관찰하여야 하나니라."

5. 色蘊

什】"舍利弗 色空故 無惱壞相 受空故無受相 想空故無知相 行空故無作相 識空故無覺相. 何以故 舍利弗 非色異空 非空異色 色卽是空 空卽是色 受想行識亦如是."

"사리불아, 색이 공이므로 번뇌의 모습이 없으며, 수도 공이므로 받는 모습이 없으며, 생각도 공이므로 안다는 모습도 없으며, 행도 공하므로 짓는 모습도 없으며, 식도 공하므로 깨달은 모습도 없나니라.

이러한 까닭으로 사리불아, 색이 공과 다르지 않고 공이 색과 다르지 않나니 색이 공이며 공이 색이니라. 수와 상과 행과 식도 또한 이와 같나니라."

5. 色即是空

"舍利子! 色不異空 空不異色 色卽是空 空卽是色 受想行識 亦復如是 舍利子! 是諸法空相 不生不滅 不垢不淨 不增不減."

"색이 곧 공이요, 공이 곧 색이며, 수상행식도 또한 이와 같으니라."

"사리들이여, 이 모든 법의 공한 모습이란, 생겨나는 것도 아니며, 없어지는 것도 아니며, 더러운 것도 아니며, 깨끗한 것도 아니며, 늘어나는 것도 아니며, 줄어드는 모습도 아니니라.

이러한 까닭으로 사리들이여, 공에는 색이 따로 있지 않으며, 색에서 떠나서 따로 공이 있음이 아니며, 수와 상과 행과 식도 또한 이와 같으니라."

"舍利子 色不異空 空不異色 色卽是空 空卽是色 受想行識 亦復如是"

"사리불아, 물질이 공과 다르지 않고 공이 물질과 다르지 아니하며, 물질이 곧 공이요 공이 곧 물질이니, 수상, 행도 또한 이와 같으니라."

"舍利子 是諸法空相 不生不滅 不垢不淨 不增不減 是故空中無色 無受想行識 無眼耳鼻舌身意 無色聲香味觸法"

"이 사리불아, 모든 법의 공한 모양은 나지도 아니하며, 더럽지도 아니하며 깨끗하지도 아니하며 늘지도 아니하며 줄지도 아니하니라. 그러므로 공 가운데에는 물질도 없고 수 상 행 식도 없으며, 눈 귀 코 혀 몸 뜻도 없고, 빛 소리 냄새 맛 닿임 법도 없으며,"

奘】 "舍利子 色不異空 空不異色 色卽是空 空卽是色 受想行識亦復如是"

"사리불아, 색이 공과 다르지 않으며 공이 색과 다르지 않나니 색이 공이며 공이 색이니라. 수와 상과 행과 식도 또한 이와 같나니라."

月】 "於斯告舍利弗 諸菩薩摩訶薩應如是學 色性是空 空性是色 色不異空空不異色 色卽是空空卽是色 受想行識亦復如是 識性是空空性是識 識不異空空不異識 識卽是空空卽是識"

"이에 사리불에게 말하였나니라. 모든 보살 마하살들은 이와 같이 배워야 하나니라. 색의 본성이 공하며 공의 본성도 공하여 색이 공과 다르지 않으며 공이 색과 다르지 않나니 색이 곧 공이며 공이 곧 색이니라. 수와 상과 행과 식도 또한 이와 같나니라. 식의 본성도 공하며 공의 본성은 식이니 식이 공과 다르지 않으며 공이 식과 다르지 않나니라. 식이 공이며 공이 식이니라.

若】"舍利子 色不異空 空不異色 色卽是空 空卽是色 受想行識亦復如是"

"사리자야, 색이 공과 다르지 않으며 공이 색과 다르지 않나니라. 색이 공이며 공이 색이니라. 수와 상과 행과 식도 또한 이와 같나니라."

輪】"舍利子 色空 空性見色 色不異空 空不異色 是色卽空 是空卽色 受想行識 亦復如是"

"사리자야, 색이 공하나니 공한 본성으로 색을 보나니라. 색은 공과 다르지 않으며 공

5. 色蘊   25

색의 형태가 공의 형태와 다르지 않고, 공의
형태가 색의 형태와 다르지 않습니다. 색의 본
상은 공이니 상에 포함 되어 있습니다. 본 공의
상이 곧 색이 되는 것입니다.

【舍利子 色不異空 空不異色 色卽是空
空卽是色 受想行識 亦復如是】

"사리자여, 색이 공과 다르지 않고 공이
색과 다르지 않습니다. 색이 공이며 공이 색
이니, 수상행식과 또한 그렇게 포함이 되는
것입니다."

【舍利子 色卽是空 空卽是色 色不異空
空不異色 受想行識 亦復如是】

"사리자여, 색이 공이니 공이 본상으로 보
이게 됩니다. 색과 공이 다르지 않은 공
...

니라. 이와 같이 수와 상의 평등한 진리로 표현
이 같고 다르지 않음에 동이 끊기고 다르지 않음
에 고요함이 동함이며… 동하고도 고요하니라.
이와 같이 끊임이 없으므로 가고 옴도 끊겼으매
이는 도리어 움직임 아닌 움직임이요 수행하기를
그만두지 않는 수행이니 그 이름 미묘행이며

"만약 보살이 중생지에 들고 중생이 보살지에 드
나니 이들은 둘이 아니니라."

수가거북의 털에 답하지 아니함이니라.
이와 같이 환이 끝나 끝나 비었고 비었으매 환이라
함도 끊어지느니라.

『원각경』에 「普眼菩薩章」에 이르기를

"空이 覺相이 생기므로 空이 꽃임이라. 亦
異不空 空異不空 空是卽空 空是卽色 色
若至 諸如幻故 與幻及願心 一念普遍虛空
해주어 "諸善男又普諸善入幻復生悟入實相
세 法界其 諸自空 與諸善自意 身諸自性 舍海其他

이와 같이 함이 끊기고 머무름이 없이 둘이 아니
동이 곧 고요함이니라. 수와 상의 평등한 진리로 표
이는 끊어지니라.

이 색과 다르지 않나니 이 색이 곧 공이며 이 공이 곧 색이니라. 수와 색과 행과 식도 또한 이와 같나니라."

成】 作是語已 觀自在菩薩摩訶薩 答具壽舍利子言 "若善男子及善女人 欲修行甚深般若波羅蜜多者 彼應如是觀察 五蘊體性皆空 色卽是空 空卽是色 色不異空 空不異色 如是受想行識 亦復皆空"

 이와 같이 말하고 관자재보살마하살이 구수사리불에게 답하여 말하였나니라.

 "만약 선남자나 선여인이 깊고 깊은 반야바라밀다를 수행하고자 하는 이는 그는 마땅히 이와 같이 관찰하라. 오온의 체의 본성은 모두 공하다고… 색은 공하며 공은 색이니 색이 공과 다르지 않으며 공이 색과 다르지 않나니라. 이와 같이 수와 상과 행과 식도 또한 모두 공하나니라."

護】"何名五蘊自性空耶 所謂卽色是空卽空是色 色無異於空 空無異於色 受想行識亦復如是"

"왜 이름하여 오온의 본래 본성을 공이라 하였는가? 이른바 곧 색이 곧 공이며 공이 곧 색이니 색에는 공과 다른 것이 없고 공에는 색과 다른 것이 없으며 수와 상과 행과 식도 또한 이와 같나니라."

"모두 동하나니라."

【題】"何名正續目性空耶 那聲坤自體是空即空空
是色 色無異空 空無異色 受想行識亦
復如是"

頌曰

"예 이들풍에 오온의 본체 본능을 들어니라
하ㄱ...있느니 이양 돌 이틀이 돌 이공에 돌이
같에서니 공과 다른 것이 없고 공이 이들
과와 다른 것이 없으며 수상 행식 까지도
또한 이와 같나니라."

6.六問

[가] "舍利弗 是諸法空相 不生不滅 不垢不淨 不增不減."

"사리불이여, 이 모든 법의 공한 모습은 나지도 않고 사라지지도 않으며 더러워지지도 않고 깨끗해지지도 않으며 늘지도 않고 줄지도 않느니라."

[나] "舍利子 是諸法空相 不生不滅 不垢不淨 不增不減."

"사리자여, 이 모든 법의 공한 모습은 나지도 않고 사라지지도 않으며 더러워지지도 않고 깨끗해지지도 않으며 늘지도 않고 줄지도 않느니라."

6. 六對

什】 "舍利弗 是諸法空相 不生不滅 不垢不淨 不增不減."

"사리불아, 이 모든 법의 공한 모습은 나지도 않고 사라지지도 않으며 더러워지지도 않고 깨끗해지지도 않으며 늘지도 않으며 줄지도 않나니라."

奘】 "舍利子 是諸法空相 不生不滅 不垢不淨 不增不減"

"사리자야, 이 모든 법의 공한 모습은 나지도 않고 사라지지도 않으며 더러워지지도 않고 깨끗해지지도 않으며 늘지도 않고 줄지도 않나니라."

月】"舍利子 是諸法空相 不生不滅 不垢不淨 不增不減."

"사리자야, 이 모든 법의 공한 모습은 나지도 않고 사라지지도 않으며 더러워지지도 않고 깨끗해지지도 않으며 늘지도 않고 줄지도 않나니라."

若】"舍利子 是諸法空相 不生不滅 不垢不淨 不增不減."

"사리자야, 이 모든 법의 공한 모습은 나지도 않고 사라지지도 않으며 더러워지지도 않고 깨끗해지지도 않으며 늘지도 않고 줄지도 않나니라."

輪】"舍利子 是諸法性相空 不生不滅 不垢不淨 不減不增."

"사리자야, 이 모든 법의 본성과 모습은 공

[원] "舍利子 是諸法空相 不生不滅 不垢不淨 不增不減."

"사리자여, 이 모든 법의 공한 모습은 나지도 아니하며 멸하지도 않으며 더럽지도 아니하며 깨끗하지도 않으며 늘지도 않고 줄지도 않느니라."

[역] "舍利子 是諸法空相 不生不滅 不垢不淨 不增不減."

"사리자여, 이 모든 법의 공한 모습은 나지도 아니하며 멸하지도 않으며 더럽지도 아니하며 깨끗하지도 않으며 늘지도 않고 줄지도 않느니라."

[해] "舍利子 是諸法空相 不生不滅 不垢不淨 不增不減."

"사리자여, 이 모든 법의 본성품은 공

없이 나지도 않고 사라지지도 않으며 더러워
지지도 않고 깨끗해지지도 않으며 늘지도
줄지도 않느니라."

"舍利子 是諸法空相 不生不滅
不垢不淨 不增不減."

"이러하니라, 사리자여. 모든 법의 공
한 모습은 모양이 없이 남도 없이 사라지
도 없으며 더러움도 깨끗함도 넘치어남도
으로 줄어듦도 늘어남도 없느니라."

"舍利子 是諸法空相 不生不滅 不垢
不淨 不增不減."

"사리자여, 이 모든 법의 이러한 공한 모습
은 남도 없이 사라지는 것도 없으며 더러
움이 물듦도 없고 깨끗하여짐도 없고 없으며
늘어남도 없고 줄어듦도 없는 것이니라."

하여 나지도 않고 사라지지도 않으며 더러워지지도 않으며 깨끗해지지도 않으며 줄지도 않고 늘지도 않나니라."

成】"是故 舍利子 一切法空性 無相無生無滅 無垢離垢 無減無增."
 "이러한 까닭으로 사리자야, 모든 법의 공한 본성은 모양이 없어 남도 없으며 사라짐도 없으며 더러움도 더러움에서 벗어남도 없으며 줄어듦도 없고 늘어남도 없나니라."

護】"舍利子 此一切法如是空相 無所生 無所滅 無垢染 無淸淨 無增長 無損減."
 "사리자야, 이 모든 법의 이러한 공한 모습은 난 바가 없고 사라지는 것도 없으며 더러움에 물들 것도 없고 청정해질 것도 없으며 늘어날 것도 없으며 줄어들 것도 없나니라."

7. 四溫

什】 "是空法 非過去非未來非現在 是故空中 無色無受想行識,"
 "이 공한 법은 과거도 아니고 미래도 아니고 현재도 아니니라. 이러한 까닭으로 공한 가운데 색도 없고 수도 없고 상도 없고 행도 없고 식도 없으며,"

奘】 "是故 空中無色 無受想行識,"
 "이러한 까닭으로 공한 가운데 색도 없고 수와 상도 행도 식도 없으며,"

月】 "是故 空中無色 無受想行識,"
 "이러한 까닭으로 공한 가운데 색도 없고 수와 상과 행과 식도 없으며,"

7. 四圖

「十」 "是空法 非過去非未來非現在 是故空中 無色無受想行識。"

"이 공한 법은 과거도 아니고 미래도 아니고 현재도 아니다. 이러한 까닭으로 공한 가운데 색도 없고 수도 없고 상도 없고 행도 없고 식도 없는 것이다."

「矢」 "是故 空中無色無受想行識。"

"이러한 까닭으로 공한 가운데 색도 없고 수도 없고 행도 없고 식도 없다."

「目」 "是故 空中無色無受想行識。"

"이러한 까닭으로 공한 가운데 색도 없고 수도 없고 행과 식도 없다."

【是故】 "是故 空中無色 無受想行識."
"이런고로, 이러한 까닭으로 공한 가운데 색이 없으며,
수와 상과 행과 식이 없으며."

【是故】 "是故 空中無色 無受想行識."
"이런고로, 이러한 까닭으로 공한 가운데 색이 없으며,
수와 상과 행과 식이 없으며."

【舍利子】 "舍利子 是諸法空相 不生不滅 不垢不淨 不增不減."
"사리자여, 이러한 까닭으로 공한 가운데 색이
없으며 수도 없고 상도 없고, 행도 없고 식도
없으며 생도 없고 멸도 없으며."

【舍利子】 "舍利子 是故 空中無色 無受想行識."
"사리자여, 이러한 까닭으로 공한 가운데
색이 없으며, 수와 상과 행과 식이 없으므로."

若】 "是故 空中無色 無受想行識,"
  "이러한 까닭으로 공한 가운데 색도 없고 수와 상과 행과 식도 없으며,"

輪】 "是故 空中無色 無受想行識,"
  "이러한 까닭으로 공한 가운데 색도 없고 수와 상과 행과 식도 없으며,"

成】 "舍利子 是故 爾時 空性之中 無色 無受 無想 無行 亦無有識,"
  "사리자야, 이러한 까닭으로 이때 공의 본성 가운데는 색도 없고 수도 없고 상도 없고 생도 없으며 또한 식도 없으며,"

護】 "舍利子 是故 空中無色 無受想行識,"
  "사리자야, 이러한 까닭으로 공한 가운데 색도 없고 수와 상과 행과 식도 없으며,"

8. 18界

什】"無眼耳鼻舌身意 無色聲香味觸法 無眼界 乃至無意識界,"

"눈도 귀도 코도 혀도 몸도 의식도 없으며, 색도 소리도 냄새도 맛도 느낌도 법도 없으며, 눈의 세계도 없으며, 의식의 세계까지도 없으며,"

奘】"無眼耳鼻舌身意 無色聲香味觸法 無眼界 乃至無意識界,"

"눈도 귀도 코도 혀도 몸도 의식도 없으며, 색도 소리도 냄새도 맛도 느낌도 법도 없으며, 눈의 세계도 없으며, 의식의 세계까지도 없으며,"

月】"無眼耳鼻舌身意 無色聲香味觸法 無

(十)「無眼耳鼻舌身意，無色聲香味觸法，無
眼界乃至無意識界。」

"눈도 귀도 코도 혀도 몸도 의식도 없으며, 모양도 소리도 냄새도 맛도 느낌도 법도 없으며, 눈의 세계로부터 의식의 세계까지도 없으니."

(英)「無眼耳鼻舌身意，無色聲香味觸法，無
眼界乃至無意識界。」

"눈도 귀도 코도 혀도 몸도 의식도 없으며, 모양도 소리도 냄새도 맛도 느낌도 법도 없으며, 눈의 세계로부터 의식의 세계까지도 없으니."

(日)「無眼耳鼻舌身意，無色聲香味觸法，無

眼界 乃至無意識界,"

"눈도 귀도 코도 혀도 몸도 의식도 없으며, 색도 소리도 냄새도 맛도 느낌도 법도 없으며, 눈의 세계도 없으며, 의식의 세계까지도 없으며,"

若】"無眼耳鼻舌身意 無色聲香味觸法 無眼界 乃至無意識界,"

"눈도 귀도 코도 혀도 몸도 의식도 없으며, 색도 소리도 냄새도 맛도 느낌도 법도 없으며, 눈의 세계도 없으며, 의식의 세계까지도 없으며,"

輪】"無眼耳鼻舌身意 無色聲香味觸法 無眼界 乃至無意識界,"

"눈도 귀도 코도 혀도 몸도 의식도 없으며, 색도 소리도 냄새도 맛도 느낌도 법도 없으며, 눈의 세계도 없으며, 의식의 세계까지도 없으며,"

成] "無眼 無耳 無鼻 無舌 無身 無意 無色 無聲 無香 無味 無觸 無法 無眼界 乃至無意識界,"

"눈도 없으며 귀도 없으며, 코도 없으며, 혀도 없으며, 몸도 없으며, 의식도 없으며, 색도 없으며, 소리도 없으며, 냄새도 없으며, 맛도 없으며, 촉감도 없으며, 법도 없으며, 눈의 세계도 없으며, 내지 의식의 세계까지 없으며,"

護] "無眼耳鼻舌身意 無色聲香味觸法 無眼界 無眼識界 乃至無意界 無意識界,"

"눈도 귀도 코도 혀도 몸도 의식도 없으며, 색도 소리도 냄새도 맛도 느낌도 법도 없으

8. 18界

눈의 세계도 없으며, 의식의 세계까지도 없으며."

「無眼耳鼻舌身意 無色聲香味觸法 無眼界乃至無意識界」

"눈도 없으며, 귀도 없으며, 코도 없으며, 혀도 없으며, 몸도 없으며, 의식도 없으며, 소리도 없으며, 냄새도 없으며, 맛도 없으며, 촉감도 없으며, 법도 없으며, 눈의 세계도 없으며, 의식의 세계까지도 없으며."

「無眼耳鼻舌身意 無色聲香味觸法 無眼界乃至無意識界 無意識界」

"눈도 귀도 코도 혀도 몸도 의식도 없으며, 색깔도 소리도 냄새도 맛도 그리고 법도 없으며, 눈이 서재로 향한다. 거기 아이의 세계가 지고 있다. 아이의 세계로 향한다."

며, 눈의 세계도 없으며, 내지 의식의 세계까지도 없으며, 의식의 세계도 없으며,"

9.12緣起

什】 "無無明 亦無無明盡 乃至 無老死 無老死盡,"

"무명도 없으며, 무명이 다함도 없으며, 내지 노사도 없으며, 노사가 다함도 없으며,"

奘】 "無無明 亦無無明盡 乃至 無老死 亦無老死盡,"

"무명도 없으며, 무명이 다함도 없으며, 내지 노사도 없으며, 또 노사가 다함도 없으며,"

月】 "無無明 亦無無明盡 乃至 無老死 亦無老死盡,"

"무명도 없으며, 무명이 다함도 없으며, 내지 노사도 없으며, 또 노사가 다함도 없으며,"

9.12健康問

[什] "維摩詰不捨道法而現凡夫事，是為宴坐。"
"무엇도 없으되, 무엇이 다름이 없으되, 비
지 도시라도 없으되, 도시라도 다름이 없으되."

[是] "維摩詰不捨道法而現凡夫事，是為宴
坐也。"
"무엇도 없으되, 무엇이 다름이 없으되, 비
지 도시라도 없으되, 또 도시라도 다름이 없으되."

[目] "維摩詰不捨道法而現凡夫事，是為宴
坐也。"
"무엇도 없으되, 무엇이 다름이 없으되, 비
지 도시라도 없으되, 또 도시라도 다름이 없으되."

[問] "無無明 亦無無明盡 乃至 無老死 亦無老死盡."

"무명도 없으며, 무명이 다함도 없으며, 내지 늙어 죽음도 없으며, 또 늙어서 다함도 없느니라."

[頌] "無無明 亦無無明盡 乃至 無老死 亦無老死盡."

"무명도 없으며, 무명이 다함도 없으며, 늙어서 다함도 없느니라."

[如] "無無明 亦無無明盡 乃至 無老死 亦無老死盡."

"무명도 없으며, 무명이 다함도 없으며, 내지 늙어서 죽음도 없으며, 또 늙어서 다함도 없느니라."

若】 "無無明 亦無無明盡 乃至 無老死 亦無老死盡,"

"무명도 없으며, 무명이 다함도 없으며, 내지 노사도 없으며, 또 노사가 다함도 없으며,"

輪】 "無無明 亦無無明盡 乃至無老死盡,"

"무명도 없으며, 무명이 다함도 없으며, 노사가 다함까지도 없으며,"

成】 "無無明 亦無無明盡 乃至 無老死 亦無老死盡,"

"무명도 없으며, 무명이 다함도 없으며, 내지 노사도 없으며, 또 노사가 다함도 없으며,"

護】"無無明 無無明盡 乃至無老死 亦無老死盡."

"무명도 없으며, 무명이 다함도 없으며, 내지 노사도 없으며, 또 노사가 다함도 없으며,"

10. 四聖諦論

佛] "無苦集滅道."

"고와 집과 멸과 도로 없느니."

菩] "無苦集滅道."

"고와 집과 멸과 도로 없느니."

月] "無苦集滅道."

"고와 집과 멸과 도로 없느니."

菩] "無苦集滅道."

"고와 집과 멸과 도로 없느니."

解] "無苦集滅道."

"고와 집과 멸과 도로 없느니."

10. 四聖諦

什】 "無苦集滅道,"
　　"고와 집과 멸과 도도 없으며,"

奘】 "無苦集滅道,"
　　"고와 집과 멸과 도도 없으며,"

月】 "無苦集滅道,"
　　"고와 집과 멸과 도도 없으며,"

若】 "無苦集滅道,"
　　"고와 집과 멸과 도도 없으며,"

輪】 "無苦集滅道,"
　　"고와 집과 멸과 도도 없으며,"

成】"無苦集滅道,"
 "고와 집과 멸과 도도 없으며,"

護】"無苦集滅道,"
 "고와 집과 멸과 도도 없으며,"

[胡] "無苦集滅道,"
"고의 집과 멸과 도도 없으며."

[譯] "無苦集滅道,"
"고의 집과 멸과 도도 없으며."

11. 圖輿圖

[十] "無畳 亦 無得 以無所得故…"
"지혜도 없고 또 얻을 것도 없나니 얻을 것이 없는 것은
이 없으므로…"

[英] "無畳 亦 無得 以無所得故…"
"지혜도 없고 또 얻을 것도 없나니 얻을 것이 없는 것은
이 없으므로…"

[日] "無智 亦 無得 以無所得故…"
"지혜도 없고 또 얻을 것도 없나니 얻을 것이 없는 것은
이 없으므로…"

[漢] "無智 亦 無得 以無所得故…"
"지혜도 없고 또 얻을 것도 없나니 얻을 것이 없는 것은
이 없으므로…"

11. 智與得

什】 *"無智 亦無得 以無所得故..."*
　"지혜도 없고 또 얻을 것도 없나니 얻은 것
　이 없으므로..."

奘】 *"無智 亦無得 以無所得故..."*
　"지혜도 없고 또 얻을 것도 없나니 얻은 것
　이 없으므로..."

月】 *"無智 亦無得 以無所得故..."*
　"지혜도 없고 또 얻을 것도 없나니 얻은 것
　이 없으므로..."

若】 *"無智 亦無得 以無所得故..."*
　"지혜도 없고 또 얻을 것도 없나니 얻은 것
　이 없으므로..."

輪】 "*無智證 無得 以無所得故...*"
 "지혜를 증득함도 없고 또 얻을 것도 없나니 얻은 것이 없으므로..."

成】 "*無智 無得 亦無不得,*"
 "지혜도 없고 얻을 것도 없으며 또 얻지 못할 것도 없으며,"

護】 "*無智 無所得 亦無無得,*"
 "지혜도 없고 얻을 것도 없으며 또 얻지 못할 것도 없으며,"

11. 智與得

論]"無聲無臭 亦無形像..."
"지혜를 은근하고 깊고 또 넓은 것이 없나
나 무궁한 것이 없으므로..."

孜]"無影無跡 亦不得尋"
"지혜도 없고 얻을 것도 없으며 또 얻지 못
할 것도 없으며."

題]"無聲無跡 亦無無跡,"
"지혜도 없고 얻을 것도 없으며 또 얻지 못
할 것도 없으며."

12. 菩薩

[中] "菩薩依般若波羅蜜多故 心無罣礙 無罣礙故 無有恐怖 遠離一切顛倒夢想究竟涅槃."

"보살은 반야바라밀에 의하는 까닭으로 마음에 걸림도 거리낌도 없나니, 걸림도 거리낌 도 없으므로 두려움도 없으며, 모든 헛된 생 각 뒤집힌 생각에서 벗어나 마침내 완전한 평온에 드느니라."

[漢] "菩薩薩埵 依般若波羅蜜多故 心無罣礙 無罣礙故 無有恐怖 遠離顛倒夢想 究竟涅槃."

"보리살타는 반야바라밀다에 의하는 까닭 으로 마음에 걸리고 거림이 없나니, 걸리 고 걸림이 없으므로 두려움이 없으며, 전도

12. 菩薩

什】"菩薩依般若波羅蜜故 心無罣礙 無罣礙故 無有恐怖 離一切顚倒夢想苦惱 究竟涅槃."

"보살은 반야바라밀에 의하는 까닭으로 마음에 걸림도 막힘도 없나니라. 걸림도 막힘도 없으므로 두려움도 없으며 모든 전도된 꿈 같은 생각과 고뇌에서 벗어나 마침내 열반하나니라."

奘】"菩提薩埵 依般若波羅蜜多故 心無罣礙 無罣礙故 無有恐怖 遠離顚倒夢想 究竟涅槃."

"보리살타는 반야바라밀다에 의하는 까닭으로 마음에 걸리고 막힘이 없나니라. 막히고 걸림이 없으므로 두려움이 없으며 전도된 꿈 같은 생각에서 멀리 벗어나 마침내 열반하나니라."

月】"菩提薩埵 依般若波羅蜜多故 心無罣礙 無罣礙故 無有恐怖 遠離顚倒夢想 究竟涅槃."

"보리살타는 반야바라밀다에 의하는 까닭으로 마음에 걸리고 막힘이 없나니라. 걸리도 막힘이 없으므로 두려움이 없으며 전도된 꿈 같은 생각에서 멀리 벗어나 마침내 열반하나니라."

若】"菩提薩埵 依般若波羅蜜多故 心無罣礙 無罣礙故 無有恐怖 遠離顚倒夢想 究竟涅槃."

"보리살타는 반야바라밀다에 의하는 까닭으로 마음에 걸리고 막힘이 없나니라. 걸리

몸 들은 생각에서 멀리 떠나 마침내 멸진
하나니라."

[日] "菩提薩埵 依般若波羅蜜多故 心無罣
礙 無罣礙故 無有恐怖 遠離顚倒夢想 究
竟涅槃."

"보리길로 안아가기들에 이르는 기름
으로 마음이 흐리고 괴로움이 없나니, 흐리
고 괴로움이 없으므로 두려움이 없으며, 전도된
몸 들은 생각에서 멀리 떠나 마침내 멸진
하나니라."

[日] "菩提薩埵 依般若波羅蜜多故 心無罣
礙 無罣礙故 無有恐怖 遠離顚倒夢想 究
竟涅槃."

"보리길로 안아가기들에 이르는 기름
으로 마음이 흐리고 괴로움이 없나니, 흐리

이러한 까닭으로 사리자여, 많은 바다 밑
으로 모든 보살들은 영허어리멸하기에 이

"舍利子 是諸法空相 不生不滅
不垢不淨 不增不減"

"보살들이여 영허어리멸하기에 이르므
기 마음에 장애가 없느니라. 마음에 장애가
없으므로 두려움이 없고 조로졌 곧 열반의 상태
에서 멀리 벗어나 마침내 열반에 들어지니라."

"是故 空中無色 無受想行識
無眼耳鼻舌身意 無色聲香味觸法"

몸 길은 생각이어서 복이 되니 마침내 열반
고 뜨임이 없으니, 두려움이 없으므로 조로갈
하니라."

고 막힘이 없으므로 두려움이 없으며 전도된 꿈 같은 생각에서 멀리 벗어나 마침내 열반하나니라."

輪】 "菩提薩埵 依般若波羅蜜多住 心無障礙 心無障礙故 無有恐怖 遠離顚倒夢想 究竟寂然."

"보리살타는 반야바라밀다에 의하여 머물리 마음에 장애가 없나니라. 마음에 장애가 없으므로 두려움 없이 전도된 꿈 같은 생각에서 멀리 벗어나 마침내 적연해지나니라."

成】 "是故 舍利子 以無所得故 諸菩薩衆 依止般若波羅蜜多 心無障礙 無有恐怖 超過顚倒 究竟涅槃."

"이러한 까닭으로 사리자야, 얻은 바가 없으므로 모든 보살들은 반야바라밀다에 의지

하여 마음에 장애가 없으며 두려움이 없어
전도를 뛰어넘어 마침내 열반하나니라."

護】"舍利子 由是無得故 菩薩摩訶薩 依般
若波羅蜜多相應行故 心無所着 亦無罣礙
以無着無礙故 無有恐怖 遠離一切顚倒妄
想 究竟圓寂."

"사리자야, 이 얻을 것이 없으므로 말미암
은 까닭에 보살마하살은 반야바라밀다에 의
하여 상응하여 행하는 까닭으로 마음에 집착
한 바가 없으며 또 걸리고 막힘도 없으며 집
착이 없고 걸림이 없음으로써 두려움이 없어
모든 전도된 망상에서 멀리 벗어나 마침내
완전히 고요해지나니라."

하여 마음이 흔들리지 않으며 두려움이 없이
것고를 가지며 마음에 멀항하느니라."

(舍利子 由是無所得故 菩薩摩訶薩
依般若波羅蜜多故 心無罣礙 無罣礙故
無有恐怖 遠離一切顛倒
夢想 究竟涅槃.)

"사리자야, 이 온을 것이 앎으로 모두 멀림
이 지에 응 보리살타하는 반야바라밀다에 의
지응하여 행하는 때문으로 마음이 걸쳐
함이 없지며 또 걸림이 마음에 없으므로 것
이치 없고 걸림 없으므로써 두려움이 없이
모든 작견을 생상에서 멀리 떨어진 것이며
응진히 고해야느니라."

13. 證解脫

目], "三世諸佛 依般若波羅蜜多 故 得阿耨多羅三藐三菩提."

"삼세의 모든 부처님들로 般若바라밀에 의한 까닭으로 아뇩다라삼먁삼보리를 얻었다."

與], "三世諸佛 依般若波羅蜜多 故 得阿耨多羅三藐三菩提."

"삼세의 모든 부처님들이 般若바라밀에 의한 까닭으로 아뇩다라삼먁삼보리를 얻고 있다."

目], "三世諸佛 依般若波羅蜜多 故 得阿耨多羅三藐三菩提."

"삼세의 모든 부처님들에 般若바라밀에 의한

13. 諸佛

什】 "三世諸佛 依般若波羅蜜故 得阿耨多羅三藐三菩提."

"삼세의 모든 부처님들도 반야바라밀에 의한 까닭으로 아뇩다라삼먁삼보리를 얻었나니라."

奘】 "三世諸佛 依般若波羅蜜多故 得阿耨多羅三藐三菩提."

"삼세의 모든 부처님들도 반야바라밀다에 의한 까닭으로 아뇩다라삼먁삼보리를 얻었나니라."

月】 "三世諸佛 依般若波羅蜜多故 得阿耨多羅三藐三菩提."

"삼세의 모든 부처님들도 반야바라밀다에

의한 까닭으로 아뇩다라삼먁삼보리를 얻었나니라."

若】"三世諸佛 依般若波羅蜜多故 得阿耨多羅三藐三菩提."
　"삼세의 모든 부처님들도 반야바라밀다에 의한 까닭으로 아뇩다라삼먁삼보리를 얻었나니라."

輪】"三世諸佛 依般若波羅蜜多故 得阿耨多羅三藐三菩提 現成正覺."
　"삼세의 모든 부처님들도 반야바라밀다에 의한 까닭으로 아뇩다라삼먁삼보리를 얻어 현재에 바른 깨달음을 이루었나니라."

成】"三世一切諸佛 亦皆依般若波羅蜜多故 證得無上正等菩提."

[解]."三世一切佛 亦皆依般若波羅蜜多故
證得無上正等菩提."

현재에 계신 세분님이 이 없다기라.

일체 지혜로 아누다라삼먁삼보리심을 얻음
이다."

"삼세의 모든 부처님들도 반야바라밀다에
의해 般若波羅蜜多를 依支하므로
☞ 羅三藐三菩提를 現成正覺.

[論]."三世諸佛 依般若波羅蜜多故 得阿耨
多羅三藐三菩提."

"삼세의 모든 부처님들도 반야바라밀다에
의한 기틈으로 아누다라삼먁삼보리심을 얻음
이다."

[音]."三世諸佛 依般若波羅蜜多故 得阿耨
多羅三藐三菩提."

"삼재의 모든 부처님들도 또한 아뇩다라삼먁
삼보리의 인하여 기쁨이 없이 배르게 무등등
한 보리를 증득하느니라."

曰, "何者 三 世諸佛, 依般若波羅蜜多故 得
阿耨多羅三藐三菩提."

"존재하는 삼세의 모든 부처님도 이 반야
바라밀다에 의해 기쁨이 없이 아누다라삼먁삼보
리를 얻었나니라."

"삼세의 모든 부처님들도 또한 반야바라밀다에 의한 까닭으로 위 없으며 바르고 평등한 보리를 증득하였나니라."

護】"所有 三世諸佛 依此般若波羅蜜多故 得阿耨多羅三藐三菩提."

"존재하는 삼세의 모든 부처님들도 이 반야바라밀다에 의한 까닭으로 아뇩다라삼먁삼보리를 얻었나니라."

14. 呪功

什】 "故知 般若波羅蜜 是大明咒 無上明咒 無等等明咒 能除一切苦 眞實不虛故 說般若波羅蜜咒."

"그러므로 알라. 반야바라밀는 이 크고 밝은 주문이며 위 없는 밝은 주문이며 같이 비교할 수 없는 주문이니 능히 모든 괴로움을 제거하여 진실하며 헛되지 않는 까닭으로 반야바라밀주를 말하노라."

奘】 "故知 般若波羅蜜多 是大神咒 是大明咒 是無上咒 是無等等咒 能除一切苦 眞實不虛故 說般若波羅蜜多咒."

"그러므로 알라. 반야바라밀다주는 크고 신이한 주문이며 이는 크고 밝은 주문이며 이는 위없는 주문이며 이는 같이 비교할 수 없

[十] "故知 般若波羅蜜多 是大神呪 是大明呪
無上明呪 無等等呪 能除一切苦 真實不虛故 說
般若波羅蜜多呪."

"그러므로 알라. 반야바라밀다는 이 크게 신
령한 주문이며 이는 크게 밝은 주문이며 이 위
없는 주문이며 이 같을 수 없는 주문이니 모든 괴로움
제거하여 진실하여 헛되지 않는 까닭으로 반
야바라밀다주를 말하리라."

[譯] "故知 般若波羅蜜多 是大神呪 是大明呪
是無上呪 是無等等呪 能除一切苦 眞實
不虛 故說般若波羅蜜多呪."

"그러므로 알라. 반야바라밀다는 크고 신
이한 주문이며 이는 크고 밝은 주문이며 이
는 위없는 주문이며 이는 같음이 비교할 수 없

는 주문이니, 능히 모든 봉함을 제거하여
중생으로 하여금 반열반에 들지 못하게 할 수
없음을 말함이라."

[日] "若諸 菩薩摩訶薩 欲得大富 大富即
具 足眞實四一領驗 及善薩婆 反 及土獄喜 及
不顧救苦薩婆解脫故."
"그러므로 일러라, '얻어버리라' 이는 크고
신이한 주문이니, 능히 주문이 모든 주문이
이는 일에 비교할 수 없는 주문이니 능히 모
든 고로움을 제거하여 중생하여금 얻지 못하
리라. 그러므로 반열반이라 주를 말함이라."

[苦] "若諸 菩薩摩訶薩 欲得大富 大富即
具 足眞實四一領驗 及善無上 及土盛喜 及
負不經 救菩薩婆解脫故."
"그러므로 일러라, '얻어버리라' 이는 크고

는 주문이니 능히 모든 괴로움을 제거하여 진실로 헛되지 않으므로 반야바라밀다의 주문을 말하노라."

月】 "故知 般若波羅蜜多 是大神咒 是大明咒 是無上咒 是無等等咒 能除一切苦眞實不虛 故說般若波羅蜜多咒."

"그러므로 알라. 반야바라밀다 이는 크고 신이한 주문이며 이는 크고 밝은 주문이며 이는 같이 비교할 수 없는 주문이니 능히 모든 괴로움을 제거하여 진실하여 헛되지 않나니라. 그러므로 반야바라밀다주를 말하노라.

若】 "故知 般若波羅蜜多 是大神咒 是大明咒 是無上咒 是無等等咒 能除一切苦 眞實不虛 故說般若波羅蜜多咒."

"그러므로 알라. 반야바라밀다 이는 크고

신이한 주문이며 이는 크고 밝은 주문이며 이는 위없는 주문이며 이는 같이 비교할 수 없는 주문이니 능히 모든 괴로움을 제거하여 진실하나니라. 그러므로 반야바라밀다주를 말하나니라."

輪】"故知 般若波羅蜜多 是大眞言 是大明眞言 是無上眞言 是無等等眞言 能除一切苦 眞實不虛 故說般若波羅蜜多眞言."

"그러므로 알라. 반야바라밀다 이는 크고 진실한 말이며 이는 크고 밝은 진실한 말이며 이는 위없는 진실한 말이며 이는 같이 비교할 수 없는 진실한 말이니 능히 모든 괴로움을 제거하여 진실하여 헛되지 않나니라, 그러므로 반야바라밀다의 진실한 말을 하노라."

신묘한 주문이며 이는 크고 밝은 주문이며
이는 위없는 주문이며 이는 같이 비교할 수
없는 주문이니 능히 모든 고통을 제거하여
진실하여서 허망하지 아니하므로 반야바라밀을
설하나니라."

[呪] "故說般若波羅蜜多呪 卽說呪曰──
揭諦 揭諦 波羅揭諦 波羅僧揭諦 菩提薩婆訶."

"그러므로 말하되, '반야바라밀다는 이는 크
게 신묘한 말이며 이는 크고 밝은 말이며
이는 위없는 말이며 이는 견줄만한 말이 없
나니 능히 모든 괴로움을 없앨 수 있고,
진실하여 거짓되지 아니하니라.
그러므로 반야바라밀다의 신령한 말을 하고
자 한다."

(三) 是故應知 般若波羅蜜多 是大明咒 是無上咒 是無等等咒 而能息除一切苦 眞實無虛 諸學等者 當知是舍 宣說般若波羅蜜多大明曰.

"사리자야, 이러한 까닭으로 마땅히 알라. 반야바라밀다라고 비밀한 주문을 이루고 힘은 큰 주문이며 위없는 주문이며 이들이 비교할 수 없는 주문이며 또한 모든 고로움을 제거하기 진실하며 다함이 없고 헛됨이 없느니라. 그러므로 일찍 반야바라밀다는 비밀한 주문이니 앞에 말하였던 주문을 얻으리라."

(二) 舍利子 是故當知 般若波羅蜜多 是大明咒 是無上咒 是無等等咒 而能息除一切苦 眞實無虛盡法 諸菩薩者 當知是舍 宣說般若波羅蜜多大明曰.

成】"舍利子 是故當知 般若波羅蜜多 大密咒者 是大明咒 是無上咒 是無等等咒 能除一切諸苦之咒 眞實無倒 故知般若波羅蜜多 是祕密咒 卽說般若波羅蜜多咒曰"

"사리자야, 이러한 까닭으로 마땅히 알라. 반야바라밀다 크고 비밀한 주문은 이는 크고 밝은 주문이며 이는 위없는 주문이며 이는 같이 비교할 수 없는 주문이며 능히 모든 괴로움을 제거하는 주문이니 진실하여 전도됨이 없나니라. 그러므로 알라. 반야바라밀다 이는 비밀한 주문이니 곧 반야바라밀다주문을 말하노라."

護】"是故 應知 般若波羅蜜多 是廣大明 是無上明 是無等等明 而能息除一切苦惱 是卽眞實無虛妄法 諸修學者 當如是學 我今宣說般若波羅蜜多大明曰."

"이러한 까닭으로 마땅히 알라. 반야바라밀다 이는 광대하고 밝나니 이는 위없으며, 밝으며 이는 같이 비교할 수 없이 밝아 능히 모든 괴로움과 번뇌를 그치게 하고 제거하니 이는 진실하여 헛되고 거짓된 법이 없나니 모든 닦고 배우는 이는 마땅히 이와 같이 배워야 하나니라. 내가 지금 널리 반야바라밀다의 크고 밝은 것을 말하노라."

15. 頌

甲) "阿揭多 諸佛敎勅 波羅密多 波羅僧
揭多 菩提僧婆訶."
"주문을 말하기를, '아제아제 바라이제 바
승아제 모지사바하.'"

乙) "阿揭多 諸佛敎勅 波羅僧揭多 菩羅僧
揭多 菩提僧婆訶."
"주문을 말하기를, '아제아제 바라이제 반디
승아제 도지사바하."

丙) "阿揭多 諸佛揭勅 波羅 諸諸 波羅僧
揭諸 菩提婆婆訶."
"주문을 말하기를, '아제아제 바라이제 바디
승아제 모지사바하."

15. 呪

什】"卽說呪曰 竭帝竭帝 波羅竭帝 波羅僧竭帝 菩提僧莎呵."

"주문을 말하자면, '아제아제 바라아제 바라승아제 모제사바하'"

奘】"卽說呪曰 揭帝揭帝 般羅揭帝 般羅僧揭帝 菩提僧莎訶"

"주문을 말하자면 '아제아제 반라아제 반라승아제 모제사바하'"

月】"卽說呪曰 揭諦揭諦 波羅揭諦 波羅僧揭諦 菩提莎婆訶"

"주문을 말하자면 '아제아제 바라아제 바라승아제 모제사바하'"

若】 "卽說咒曰 揭諦揭諦 波羅僧揭諦 菩提娑[8]婆訶"

"주문을 말하자면 '아제아제 바라승아제 모제사바하'"

輪】 "卽說眞言 唵[9] 誐帝誐帝 播[10]囉誐帝 播[11]囉冒[12] 地娑縛[13]賀[14]"

"진실한 말을 하자면 '옴 아제아제 번라아제 번라모지사박하'"

成】 "峨帝峨帝 波囉峨帝 波囉僧峨帝 菩提莎訶"

"아제아제 바라아제 바라승아제 보리사하"

護】 "怛寧[15]他[16] 唵[17] 誐帝[18]誐帝 誐帝[19] 播[20]囉僧誐帝[21] 冐提莎"

"달령타 옴 아제아제 아제번라승아제 모제사"

16. 廻向

[초] "舍利子, 菩薩摩訶薩 般若波羅蜜多
修行時, 云何修學 般若波羅蜜多?"
"사리자야, 모든 보살마하살은
이와 같이 반야바라밀다의 행을 마땅히 어떻게
닦아 행해야 하는가?"

[해] "舍利子, 菩薩摩訶薩 般若波羅蜜多
修行時, 云何修學 般若波羅蜜多?"
"사리자야, 모든 보살마하살은
이와 같이 반야바라밀다의 행을 마땅히 어떻게
닦아 행해야 하는가?"

[회] "舍利子, 菩薩摩訶薩 般若波羅蜜多學
修行..."
"사리자야, 보살마하살의 반야바라밀다의 이와 같이

16. 廻向

若】 "如是舍利弗 諸菩薩摩訶薩 於甚深般若波羅蜜多行 應如是行."
 "이와 같이 사리불아, 모든 보살마하살은 깊고 깊은 반야바라밀다의 행을 마땅히 이와 같이 행하라."

輪】 "如是舍利子 諸菩薩摩訶薩 於甚深般若波羅蜜多行 應如是學."
 "이와 같이 사리불아, 모든 보살마하살은 깊고 깊은 반야바라밀다의 행을 이와 같이 배워야 하나니라."

成】 "舍利子 菩薩摩訶薩 應如是修學甚深般若波羅蜜多."
 "사리자야, 보살마하살은 마땅히 이와 같이

깊고 깊은 반야바라밀다를 닦아 배우라."

護】"舍利子 諸菩薩摩訶薩 若能誦是般若波羅蜜多明句 是卽修學甚深般若波羅蜜多."

"사리자야, 모든 보살마하살이 만약 능히 이 반야바라밀다의 밝은 구절을 외우면 이는 깊고 깊은 반야바라밀다를 닦아 배우는 것이니라."

17. 觀體音

"善行善業은 善男子나 如是如是 如說修行이라 甚深法達羅尼力으로 應如是行 如是持誦一切 未曾有일을"

이야 끓이 말하니 뜰 이에 세존이 선언하고
깊고 깊은 삼마지에 들어가서 선지식의심
마하살을 찬탄하십니다.

"선지식 선지식이여, 이야 깊고 이와
같다. 그대가 진실 말하나니, 매우 깊
고 깊은 般若波羅密의 行을 이와 같이 행
하되, 이와 같이 깊은 뜻을 모든 여래가 모두
다 따라 기뻐하시나니라."

譯] 이때 世尊이 從三昧地安祥而起 讚觀世音

17. 讚觀音

若】 如是說已 卽時世尊從廣大甚深三摩地 起 讚觀自在菩薩摩訶薩言.

"善哉善哉 善男子 如是如是 如汝所說 甚深般若波羅蜜多行 應如是行 如是行時一切如來 皆悉隨喜."

이와 같이 말하니 곧 이때 세존이 관대하고 깊고 깊은 삼마지에서 일어나사 관자재보살 마하살을 찬탄하시니라.

"선재라 선재라 선남자야. 이와 같고 이와 같노라. 그대가 말한 것과 같나니라. 매우 깊고 깊은 반야바라밀다의 행을 이와 같이 행하라. 이와 같이 행할 때 모든 여래가 모두 다 따라 기뻐하시나니라."

輪】 爾時世尊 從三摩地安祥而起 讚觀世音

自在菩薩摩訶薩言.

"善哉善哉 善男子 如是如是 如汝所說 甚深般若波羅蜜多行 應如是行 如是行時 一切如來 悉皆隨喜."

이때 세존이 삼마지로부터 편안히 일어나사 관세음자재보살마하살을 찬탄하시니라.

"선재라 선재라. 선남자야, 이와 같고 이와 같노라. 그대가 말한 바와 같나니라. 깊고 깊은 반야바라밀다의 행을 이와 같이 행하라. 이와 같이 행할 때 모든 여래가 모두 다 따라 기뻐하시나니라."

成】爾時 世尊從彼定起 告聖者觀自在菩薩摩訶薩曰.

"善哉善哉 善男子 如是如是 如汝所說 彼當如是修學般若波羅蜜多 一切如來 亦當隨喜."

自本隴陸軍隴善者云.

"善哉善哉 舍利子 如是如是 汝所說者
深極諸菩薩摩訶薩 如是如是 如汝所說一
如如來 差別義."

이에 제석이 사리자로부터 경의 설하심
시 석존지신보지자심을 찬탄하시기를,
"선재라 선재라. 선남자야. 이와 같고 이와
같도다. 그대가 말한 바와 같이니라. 참으로 깊
은 반야바라밀다의 상을 이와 같이 설함이
이와 같이 행함에 모든 에게가 모두 다 따라
기뻐하시니라."

「汝」 爾時 世尊讚歎天主 告善現言自本隴善
薩訶自曰.

"善哉善哉 善現 如是如是 汝所說者 深
當於是般若波羅蜜多學 如如來— 求 當
隨喜."

이때 세존께서 그 선정에서 일어나 성자 관자재보살마하살에게 말씀하셨나니라.

"선재라 선재라. 선남자야, 이와 같고 이와 같노라. 그대의 말과 같노라. 그대가 마땅히 이와 같이 반야바라밀다를 닦고 배우면 모든 여래가 또한 마땅히 따라 기뻐하시나니라."

【護】爾時 世尊 從三摩地安詳而起 讚觀自在菩薩摩訶薩言.

"善哉善哉 善男子 如汝所說 如是如是 般若波羅蜜多 當如是學 是卽眞實 最上究竟 一切如來 亦皆隨喜."

이때에 세존께서 삼마지로부터 편안히 일어나사 관자재보살을 찬탄하여 말씀하셨나니라.

"선재라 선재라 선남자야, 그대가 말한 바와 같나니라. 이와 같고 이와 같나니라. 반야바라밀다는 마땅히 이와 같이 배우라. 이는 진실하며 가장 빼어난 구경이니 모든 여래들께서 또한 모두 따라 기뻐하시나니라."

18. 流通

[月] 佛說是經已 彌勒菩薩及諸比丘 一切世間
天人阿修羅乾闥婆等 聞佛所說 皆大歡喜
信受奉行.

부처님께서 이 경을 말씀하시고 나서 모든 비
구와 보살들과 모든 세간의 하늘과 사람과
아수라와 건달바 등이 부처님의 말씀을 듣고
모두 크게 기뻐하며 믿고 받아들여 받들어 행
하였느니라.

[者] 聞是 世尊 所說皆長 具壽舍利弗 大喜
充滿
隨自在菩薩摩訶薩 亦大歡喜 諸
人阿修羅乾闥婆等 聞佛所說皆大歡喜 愛
奉行

이에 세존께서 이 말씀을 하시고 나시니라

18. 流通

月】佛說是經已 諸比丘及菩薩衆 一切世間
天人阿脩羅乾闥婆等 聞佛所說皆大歡喜
信受奉行.

　부처님께서 이 경을 말씀하시자 모든 비구
들과 보살들과 모든 세간의 하늘과 사람과
아수라와 건달바 등이 부처님의 말씀을 듣고
모두 크게 기뻐하며 믿고 받아들여 받들어
행하였나니라.

若】爾時 世尊 說是語已 具壽舍利弗 大喜
充遍
觀自在菩薩摩訶薩 亦大歡喜 時彼衆會天
人阿修羅乾闥婆等 聞佛所說皆大歡喜 信
受奉行.

　이때 세존께서 이 말씀을 하시자 구수사리

불이 큰 기쁨이 충만하니라.

  관자재보살마하살도 또한 크게 기뻐하였나니라. 그때 그 대중에 모인 하늘들과 사람과 아수라와 건달바 등이 부처님의 말씀을 듣고 모두 크게 기뻐하며 믿고 받아들여 받들어 행하였나니라.

輪】 爾時 世尊 如是說已 具壽舍利子 觀世音自在菩薩 及彼衆會一切世間天人阿蘇囉 巘馱嚩等 聞佛所說 皆大歡喜 信受奉行.

  이때 세존께서 이 말씀을 하시자 구수사리자와 관세음자재보살과 그 대중에 모인 모든 세간의 하늘들과 사람과 아수라와 건달바가 부처님의 말씀을 듣고 모두 크게 기뻐하며 믿고 받아들여 받들어 행하였나니라.

18. 流通

「謂」 佛說阿惟越致遮經 … 自惟意欲羅漢
聽 … 一切大間人天阿須羅揵沓和 … 一切大
眾 聞佛所說 皆大歡喜 信受奉行.

이에 부처님께서 이 말씀을 끝마치시자
리보살과 상정진보살이시며 모든 세간
의 하늘들과 사람들과 아수라들과 건달
바 등 모든 대중이 부처님께서 말씀하신 바를 듣고
자기에게 맞음이 들음이 크게 기뻐하여 믿고 받들어 행하였
다.

「謂」 佛說阿惟越致遮經 自惟意欲羅漢 …
… 乃至出間天人阿須羅揵沓和 … 一切大
眾 聞佛所說 皆大歡喜 信受奉行.

부처님께서 이 말씀을 끝마치시자 보리지
살과 상정진보살과 모든 비구들과 세간의 하늘
들과 사람들과 아수라들과 건달바 등 모든
대중들이 부처님께서 말씀하신 바를 듣고 모

成】 時薄伽梵 說是語已 具壽舍利子 聖者觀自在菩薩摩訶薩 一切世間天人阿蘇羅乾闥婆等 聞佛所說 皆大歡喜 信受奉行.

 이때 박가범께서 이 말씀을 하시자 구수사리자와 성자관자재보살마하살과 모든 세간의 하늘들과 사람들과 아수라들과 건달바 등이 부처님께서 말씀하신 바를 듣고 모두 크게 기뻐하여 믿고 받아들여 받들어 행하였나니라.

護】 佛說此經已 觀自在菩薩摩訶薩 幷諸苾芻 乃至世間天人阿修羅乾闥婆等 一切大衆 聞佛所說 皆大歡喜 信受奉行.

 부처님께서 이 경을 말씀하시자 관자재보살마하살과 모든 비구들과 내지 세간의 하늘들과 사람들과 아수라들과 건달바 등 모든 대중들이 부처님께서 말씀하신 바를 듣고 모두 크게 기뻐하여 믿고 받아들여 받들어 행하였나니라.

두 도 기계하의 먹고 밟이들이 별들이 별
이었사니다.

15. 훈민유사

가. 大明太祖高皇帝訓遺諸小邦

二諸大君 萬曆朝國 千民孝君 生於民族
余其武也。

三國正當 以 永 不 天 下 水以正州神之本
者 因而不都祭 待春本有數火 拔之術食 儀
不自者 是因而 非耕 中國古之 盡天莫
不亦然。

우리에[20] 오환 두 발은 민둥이에 촉
이거 구두없이 뼈장을 자식으로 삼거 이
답으랴. 임금으로 임금은 백성을 기르는 거 그
럼을 삼이 있었나니라.

제 지지 버린, (삼풍도圖)[28]라 하여 지지 버
(오상도常)[29]으로 살피에 보이고 또 지켜 지
지 훼일(吳訓訓)[30]로 돔 보조하는 룯은
홍하고 인성하여 지킬을 파트 값은 이루

19. 현장역서

가. **大明太祖高皇帝御製般若心經序**

二儀久判 萬物備周 子民者君 君育民者法其法也.

三綱五常 以示天下 亦以五刑輔弼之有等 凶頑不循敎者 往往有趣火赴淵之爲 終不自省 是凶頑者 非特中國有之 盡天下莫不亦然.

두 가지 의례[22]의 오랜 구별은 만물에 갖추어져 두루함에 백성을 자식으로 여기는 이가 임금이요, 임금으로 백성을 기르는 이는 그 법을 법다이 하였나니라.

'세 가지 벼리(삼강三剛)'[23]과 '다섯 가지 법(오상五常)'[24]으로 천하에 보이며 또 '다섯 가지 형벌(오형五刑)'[25]로 돕고 보조하는 등은 흉하고 완고하여 가르침을 따르지 않는 이는 가끔 추국당하며 불이 닥쳐 깊어지는데도 마침내 스스로 반성하지 않으면 이는 흉하고 완고한 이니 특별히 중국에만 있는 것이 아니니라. 온 천하가 그렇지 않음이 없나니라.

俄西域生佛 號曰釋迦其爲佛也. 行深願重 始終不二 於是出世間 脫苦趣 爲其效也.

仁慈忍辱 務明心以立命 執此道而爲之意 在人皆在此 利濟群生 今時之人 罔知佛之 所以每云法空 虛而不實 何以導君子訓小人 以朕言之 則不然 佛之敎 實而不虛 正欲去愚迷之虛 立本性之實 特挺身苦行 外其敎而異其名 脫苦有情 昔佛在時侍從聽從者 皆聰明之士 演說者乃三綱五常之性理也.

다행히 서역에서 부처님께서 나시니 이름

하여 석가모니라하니 부처가 되셨나니라. 행은 깊고 바람은 무거우시니 시작과 끝이 둘이 아니시니 이에 세간을 벗어나 괴로움에서 벗어남에 그 본이 되셨나니라.

 어질고 자애로워 욕됨을 견디시고 마음을 밝힘에 힘써 목숨을 세움으로 이 도를 잡아 뜻으로 삼으셨나니 사람들이 모두 이에 있나니 중생들을 이롭게 하며 제도하셨나니라. 지금 사람들이 그릇 부처님을 알고도 이러한 까닭으로 매양 법이 공하다 하나 허망하고 진실하지 않도다. 어떻게 군자가 작은 사람들을 가르쳐 인도하리요하나. 내가 그들에게 말하되 "그렇지 않나니라." 부처님의 가르침은 진실로 헛되지 않나니 바로 어리석고 미혹한 헛됨을 제거하려 본래 본성의 진실을 세우려 특별히 친히 고행하고 밖으로 그것을 가르쳤으나 그 이름을 달리하면 괴로움에서 벗어난 유정이니라. 예전에 부처님께서 계실 때 모시고 들었던 이들은 모두 총명한 분들이니 설한 것은 곧 삼강과 오상의 본성의 이치이니라.

旣聞之後 人各獲福 白佛入滅之後 其法流入中國 間有聰明者 動演人天小果 猶能化凶頑爲善 何况聰明者 知大乘而識宗旨者乎?

如心經每言空不言實 所言之空 乃相空耳 除空之外 所存者本性也.

所以相空有六 謂口空說相 眼空色相 耳空聽相 鼻空嗅相 舌空味相 身空樂相 其六空之相.

又非眞相之空 乃妄想之相 爲之空相 是空相 愚及世人 禍及今古 往往愈墮彌深 不知其幾 斯空相

것이니라.

이미 저러한 진공을 통달하였으매 오장의 본성이 이
미 이러한 공이며 이들이 모두 중생의 묘한 근본이
매 오직 유정이니라. 예전에 부처님께서 계집
종의 유정이니라.

旣悟之後 入各殊塗 自他人誤之後 其法
流入中國 問有知闡者 則演入天小果 稍能
化物兩途者 何況邊聞者 知大來而識宏旨
者乎?
故心經壞言空不言實 而言之空 凡知之空
其餘空之外而諸着本性也.
所以相空有六 謂口空受相 眼空色相 耳
空聲相 鼻空臭相 舌空味相 身空樂相 其
六空之相.
又非眞相之空 亦妄想之相 爲之空之相 是
空相 愚而世人 隨名及今 在往慾望識業
不知其幾識空相

이미 들은 뒤에 사람은 각각 복을 얻으니 부처님께서 입멸하신 뒤 그 법이 흘러 중국에 들어왔나니라. 그 사이에 총명한 이들이 있어 얼핏 사람과 하늘의 작은 과보를 말하여 오히려 능히 흉하고 완고한 이들을 교화하여 선하게 하였나니 어찌 황차 총명한 사람으로 대승을 알고 종지를 아는 이겠는가?

반야심경에서 매양 공하여 진실하지 않다 하였나니 말한 바 공은 곧 모양이 공할 뿐이니 공을 제외한 밖에 남아 있는 것이 본래 본성이니라.

이러한 까닭에 모양의 공함에 여섯 가지가 있나니. 입은 말하는 모양이 공하며 눈은 색의 모양이 공하며 귀는 듣는 모양이 공하며 코는 냄새 맡는 모양이 공하며 혀는 맛보는 모양이 공하며 몸은 즐기는 모양이 공하나니 그 여섯가지 공한 모양이니라.

또 진실한 모습의 공이 아니면 곧 망상의 모습이 공한 모양이 되나니라. 이것이 공한 모습이나 어리석은 세간의 사람들은 화가 고금에 미치나니 가끔 더욱 더 깊어져 그 끝을 알지 못하나니라. 이것이 공한 모습이니다.

前代帝王 被所惑 而幾喪天下者 周之穆王 漢之武帝 唐之玄宗 蕭梁武帝 元魏主燾 李後主 宋徽宗 此數帝 廢國怠政. 惟蕭梁武帝宋之徽宗 以及殺身 皆由妄想飛升.
及入佛天之地 其佛天之地 未嘗渺茫 此等快樂 世嘗有之 爲人性貪而不覺 而又取其樂 人世有之者何?

전대의 황제와 왕들이 입은 미혹한 바는 몇 번이나 천하를 상하게 한 이는 주나라의 목왕과 한나라의 무제와 당나라의 현종과 소양의 무제와 원위의 주도와 이후주와 송나라

미종이니, 이 여러 황제들은 나라를 피폐하게 하고 정무를 게을리하였나니라. 생각건대 숙양의 무제와 송나라 미종은 자신을 죽임에까지 이르렀나니 모두 허망한 생각이 날아오름으로 말미암았나니라.

부처님의 땅에 들어가 그 부처님의 땅에서 아직 아득함을 맛보지 못하고 이러한 쾌락을 세간에서 맛본 이가 있으면 사람 본성의 탐욕으로 깨닫지 못하고 또 그 즐거움으로 나아가나니 세간에 있으며 그들을 어찌하리요?

且佛天之地 如爲國君及王侯者 若不作非 爲善能保守此境 非佛天者 何如不能保守而僞爲用妄想之心 卽入空虛之境 故有如是 斯空相富者被纏 則姪欲並生喪富矣. 貧者被纏 則諸詐並作殞身矣.

其將賢未賢之人被纏 則非仁人君子也,

其僧道被纏 則不能立本性而見宗旨者也.
 所以本經題云心經者 正欲去心之邪念以歸正道 豈佛敎之妄耶 朕特述此 使聰明者觀二儀之覆載 日月之循環 虛實之執取保命者何如 若取有道 保有方 豈不佛法之良哉 色空之妙乎!

 다만 부처님의 땅에서 나라의 임금이나 왕이나 후작과 같은 이가 만약 그릇된 짓을 하지 않으며 선을 위하여 이 경계를 능히 보호하고 지키려 하나 부처님이 아니면 어찌하여도 능히 거짓을 보호하고 지키지 못하며 망상의 마음을 쓰게 되어 곧 공허한 지경에 들어가게 되리라.

 그러므로 이와 같음이 있나니 이 공한 모습이 서로 더해 져 얽어매리니 곧 음욕과 더불어 나고 죽음이 더해지나니라. 가난한 이는 얽매이면 여러 가지로 거짓되기도 하며 아울

헤쳐 죽음의 미로움이다.
으니 그리나 이에 부처님 법이 신진덕이 아니라
있고 진실하게 도리 것으로 보호를 받기가
행복하는 것을 이해하자.

설로 진실합니다 누구나 죽어서 목숨을 보
한 물의 소망을 성취하게 하느니라.

들이 두 가지 자리이 없이 늘 주야로 슬퍼하게
지 내가 죽음의 두려움 이를 끝에이 충명함으로 한
이니라. 이제 이 복제에 지금들이 진하여
한의 바램들이 물건이들을 얻게 하여하는 것
인것. 여래가 한 것은 바로 마음의 선물을 제
이러한 것들은 이 죽어 새로이다. "마음
지 못하리라.

때에는 능히 몸을 세워서 종지를 보
이며 이런 사람 아래여, 그 중생들
그 사람 이나 어떤 이들지 못한 이의 몸에
의 몸을 제지게 하리라.

러 몸을 해치게 되리라.

 그 어진 이가 아직 어질지 못한 이와 얽매이면 어진 사람 군자가 아니며, 그 승려가 얽매이면 능히 본래 성품을 세우고 종지를 보지 못하리라.

 이러한 까닭으로 이 경의 제목에서 "마음인 경"이라 한 것은 바로 마음의 삿됨을 제거하여 바른길로 돌아가기를 염하게 하려는 것이니라. 어찌 부처님의 가르침이 허망하겠는가? 내가 특별히 이를 말하여 총명한 이로 하여금 두 가지 자태의 덮어주고 실어줌과 해와 달의 순환을 관찰하게 하리라.

 헛되니 진실하니 누군가 취하여 목숨을 보전하려는 것을 어쩌랴?

 만약 취함에 도가 있으면 보호할 방도가 있으리니 어찌 부처님 법의 진실함이 아니랴? 색과 공의 미묘함이여!

나. 唐釋慧忠序

　夫法性無邊 豈藉心之所度 眞如非相 詎假言之所詮 是故衆生浩浩無窮 法海茫茫何極 若也.

　廣尋文義 猶如鏡裏求形 更乃息念觀空. 又似日中逃影. 茲經喩如大地 何物不從地之所生? 諸佛唯指一心 何法不因心之所立 但了心地 故號總持 悟法無生 名爲妙覺 一念超越豈在繁論者爾.

　대저 법의 본성은 끝이 없나니 어찌 마음으로 헤아리랴? 진여는 모양이 아니니 어찌 거짓된 말로 설명하랴? 이러한 까닭으로 중생은 넓고 넓어 다함이 없고 법의 바다는 망망하니 어디가 끝이랴? 그러할 뿐이니라.

　넓고 깊은 글의 뜻은 오히려 거울에 비친 모양 같나니 다시 생각을 그치고 공함을 관찰하면 또한 햇살 속에 달아나는 그림자 같

나니라.

 이 경은 마치 대지와 같나니 어떤 사물인들 땅으로 부터 난 것이 아니겠는가? 모든 부처님들을 오직 한 마음만 가르쳤나니 어떠한 법이 마음으로 인하여 성립되지 않았겠는가? 다만 마음의 땅을 분명히 앎으로 이름하여 총지라하며 법의 남이 없음을 알면 이름하여 묘각이라 하나니 한순간 뛰어넘으면 어찌 번거로운 이론을 남길 필요가 있겠는가?

해 제

마하반야바라밀대명주경
摩訶般若波羅蜜大明呪經

반야바라밀다심경의 이역으로 구마라집鳩摩羅什이 번역하였다. 고려대장경영인본 5책 1037쪽, 신수대장경 8책 847쪽에 등제되어 있다.

요진姚秦 시대(A.D. 402~412)에 번역되었다. 줄여서 대명주경大明呪經, 마하대명주경摩訶大明呪經이라 한다. 반야 공 사상으로 통칭하는 대승 불교의 반야사상의 골수가 간략히 요약되어 있다. 모든 불교 경전을 통틀어서 가장 많이 알려져 있는 경이다.

5온을 5음陰이라 하고 사리자를 사리불舍利弗이라 하였다. 흔히 독송하는 현장본과 차이는 한 문장이다. 이본에는 "모든 괴로움

해 제

아함경(阿含經)에 대하여

增一阿含經 五十一卷 大藏經 NO.125

《증일아함경》은 동진(東晉)시대에 계빈국(罽賓國) 출신의 구담승가제바(瞿曇僧伽提婆)가 번역하였다. 고려대장경영인본 5책 1037쪽∼, 신수대장경 2책 847쪽에 동 제목이 있다.

이 增壹阿含經은 東晋 隆安 시대(A.D), 402∼412)에 번역되었다. 앞에서 대명왕(大明王)비(譬)를 마하의(摩訶意)라고 하였고 大明王雜譬經이라 한다. 번역 끝 사행(四行)으로 通經經은 대승 불교의 선구자로서의 지위를 차지하고 있다. 모든 불교 경전을 통틀어 가장 많이 읽혀지고 있는 경이다.

아함경은 원시 불교의 성전으로 오늘날 그 중요성이 더욱 높아지고 있다. 특히 남방에는 정형본과 제목이 있다. 이백여 "고요로 고요로움

창조 혁명본부의 그 령도를 직속적 받들어 유 한
일편단심 청춘의 열과 힘을 다 바쳐 싸울 불붙은
맹세의 대회로 준비된 것이다.

림수령김일성동지 탄생 100돐에 즈음하여 8월
8일청년절을 즈음한 1935년, 전국청년상징 8월
대, 수난의 영웅조선이 걸어온 본이다. 그리
어, 이번 김일성사회주의 청년동맹 기념의 하나이
까지도 역사의 장길속에서

經營建設의 多少要
주체에의 청년대회

있다.
고 있다. 온 나라 각지의 동맹 의미를 부각하
이 홍동으로 조직생활체가 없다"라는 동정이
않으며, 왜이 동의하므로 조선간부에 없고, 실
수상못함이 없고, 그없이 홍이 동으로 지상재에이
로 지하상태賤賤이 없으니, 수기 동맹으로
를 잡는다, "위에", "지리둘이어", 왕이 동이

을 건넜다." 뒤에, "사리불이여, 색이 공하므로 뇌괴상惱壞相이 없으며, 수가 공하므로 수상受相이 없고, 상이 공하므로 지상知相이 없으며, 행이 공하므로 작상作相이 없고, 식이 공하므로 각상覺相이 없다."라는 문장이 더 있어 오온 각각의 공의 의미를 부연하고 있다.

반야바라밀다심경
般若波羅蜜多心經

 반야바라밀다심경 이역본 가운데 하나이다. 당나라 현장玄奘이 번역한 본이다. 고려대장경영인본 5책 1035쪽, 신수대장경 8책 848쪽에 등제되어 있다. 현대 한국불교에서 일상 의례로 독송되는 경이다.
 일반적인 경전의 형식인 서분과 유통분을 갖춘 광본廣本과 그 형식을 갖추지 않은 약

본略本이 있는데 이 경은 약본이다.

전체를 크게 네 부분으로 나누어서 살펴볼 수 있다. 첫째, 반야바라밀의 대강이다. 부처님이 사리불에게, "관자재 보살이 깊은 반야바라밀을 행할 때 5온이 공함을 관찰하시고 모든 괴로움을 건넜다."고 말하는 부분이다. 둘째, 반야바라밀의 각론적 설명이다. 위에서 말한 반야바라밀의 대강을 보다 구체적으로 나타내는 부분이다. 5온 하나하나가 모두 공과 다르지 않으며 곧 공이니, 이러한 공의 차원에는 6근, 6경, 6식, 12인연, 4성제, 지혜와 얻음 등이 아무것도 없다는 것이다. 셋째, 반야바라밀의 공덕이다. 모든 보살은 이 같은 반야바라밀에 의지하여 구경의 열반을 얻으며, 3세世의 부처님도 이 같은 반야바라밀을 의지하여 아뇩다라삼먁삼보리를 얻는다. 넷째, 반야바라밀이 주문이라는 것이다.

"매우 신묘한 주문이며, 매우 밝은 주문이고, 위없는 주문이며, 비할 데 없는 주문"임을 말한 뒤, 반야바라밀다주로서 "아제아제 바라아제 바라승아제 모지 사바하"를 제시한다.

반야심경은 600부 반야경의 핵심적인 사상을 가장 간략하게 추려 놓은 경전이며, 모든 불교 종파의 법회나 의식 등에서 반드시 독송되고 있다.

주석은 주로 이 경을 대상으로 이루어졌는데 원측圓測의 반야심경찬 1권과 규기窺基의 반야심경유찬 2권이 주요하다.

보편지장반야바라밀다심경
普遍智藏般若波羅蜜多心經

반야바라밀다심경의 이역본으로 당나라 법월이 번역하였다. 고려대장경영인본 36책 615쪽, 신수대장경 8책 849쪽에 등제되어 있다.

경은 관본에 해당하는데 경문 가운데 "보살은 반야 바라밀다의 핵심을 갖고 있으니 보편지장이라 이름한다."라고 하는 데서 "보편지장普遍智藏"이라는 말을 앞에 두었다.

왕사성 독수리봉에 모인 보살들 중에서 관세음보살, 문수사리보살, 미륵보살이 상수(上首)가 되는데, 이들은 모두 삼매와 총지를 얻어서 불사의에 머물고 있다. 또한 관자재보살이 깊은 반야바라밀다를 행할 때에도 "선정에 들어서 삼매의 힘으로" 하는 것임을 말하고 있다. 이렇게 삼매 속에서 반야바라밀다를 행한 것이라는 점은 다른 역본과 비교해 볼 때, 매우 독특한 것이다.

것은 한복판에 해당하는 중앙 가까이 보낸다. 공은 배드민턴의 배를 닮은 것이 있고 보통 질긴 종이로 이를테면 "고리 하고 치면 "보롱"
하지 풀풀풀이라 이름을 붙였다.

용사당 쿡수리봉에이 모여 보름날을 중심으로 제놀음, 물수리보동, 더불보름이 성수
(首)가 되는데, 이들은 모두 남매의 종지
를 엎어서 미속에이 미물고 있다. 포한 저재
보름이이 전은 변여나머머리들 행할 때에로
정월이 시월 남매가 를 합으로, 해하는 것임을
말하고 있다. 이들에 매해 속에서 버어러려
말리를 행한다 없이 다음 앤복 과도 비
교해 볼, 매우 옥특한 것이다.

賑恤謄錄 奎 15085

고 있다. 유사한 내용이 영조실록 32년 404쪽 4월조 신수대장경 8 책 849쪽에 윤재되어 있다. 별도로 별이진 원이 있는 것은 그 수량을 불가성질모임이라기 위함이요 그리하여, 이 외에 비슷한 수정이 이미 이루어져 있음을 알 수 있게 될 것이다. 그러므로 진대 영조실록, 신수대장경 등에서 25년) 기술은 서울대에서 영인한 원예한대된다 정법조례류찬 奎 15085 (신수대장경 공제5호 252) 등이 있다.

반야바라밀다심경
般若波羅蜜多心經

당나라 반야와 이언이 함께 번역하였다. 고려대장경영인본 37책 404쪽 신수대장경 8책 849쪽에 등제되어 있다. 광본 반야심경이므로 그 구성은 불설성불모반야바라밀다경과 유사하다. 이 경과 비슷한 구성의 이역본으로는 고려대장경에는 들어 있지 않는 지혜륜智慧輪이 번역한 반야바라밀다심경般若波羅蜜多心經(신수대장경 등제번호 254)과 당나라 때 법성法成이 번역한 반야바라밀다심경般若波羅蜜多心經(신수대장경 등제번호 255) 등이 있다.

불설성불모반야바라밀다경
佛說聖佛母般若波羅蜜多經

반야바라밀다심경의 이역본 가운데 하나로 광본이다. 고려대장경영인본 40책 341쪽, 신수대장경 8책 852쪽에 등제되어 있다. 송末 때인 980년에 시호施護에 의하여 번역되었다. 줄여서 제불모경諸佛母經이라 한다.

반야바라밀의 핵심 내용과 그 공덕을 설하고 있는 경전이다.

왕사성의 영취산에서, 부처님이 깊은 삼매에 들어가 있는 동안에, 관자재보살과 사리자가 서로 묻고 답하는 형식으로 이루어져 있다. "선남자 선여인이 이러한 깊은 반야바라밀다 법문을 기꺼이 닦고 배우고자 한다면, 마땅히 어떻게 배워야 하는가?"라는 사리자의 질문에 대하여, 관자재보살은 "마땅히 5온의 자성이 공함을 관찰하라."라고 하였

다. 이와 같은 대강의 내용은 현장의 번역본과 다를 바 없다. 다만 반야바라밀다주를 설한 뒤, 부처님이 삼매에서 일어나서 관자재보살을 찬탄하였다는 내용과 모든 대중들이 믿고 받아 지니며 받들어 행하였다는 내용이 더 첨가되어 있다는 점이 다를 뿐이다.

주 석

1) 신수대장경 8책 847 하단 4행부터.
2) 신수대장경 8책 848 하단 4행부터.
3) 신수대장경 8책 849쪽 상단 4행부터.
4) 신수대장경 8책 849쪽 중단 23행부터.
5) 신수대장경 8책 850쪽 상단 9행부터.
6) 돈황석굴에서 발견된 본으로 신수대장경 850쪽 중단 20행부터.
7) 신수대장경 8책 852쪽 중단 3행부터.
8) 원주 '소홀반蘇紇反' 이라 했다.
9) 원주 '긴소리(인뒤)' 라 했다.
10) 원주 '긴소리(인뒤)' 라 했다.
11) 원주 '긴소리(인뒤)' 라 했다.
12) 원주 '긴소리(인뒤)' 라 했다.
13) 원주 '이합二合' 이라 했다.
14) 원주 '긴소리(인뒤)' 라 했다.
15) 원주 '절신切身' 이라 했다.
16) 원주 '인일구뒤一句' 라 ~했다.
17) 원주 '긴소리(인뒤)' 라 했다.

주 석

1) 신수대장경 8책 817쪽 상단 4행부터.
2) 신수대장경 8책 818쪽 하단 4행부터.
3) 신수대장경 8책 840쪽 상단 4행부터.
4) 신수대장경 8책 840쪽 중단 23행부터.
5) 신수대장경 8책 850쪽 상단 3행부터.
6) 몽골어본에서 재인용. 본으로 신수대장경 850쪽 중단 20행부터.
7) 신수대장경 8책 852쪽 중단 3행부터.
8) 원문 '소위산하대지(所謂山河大地)'이라 했다.
9) 원문 '김소리(이리)'라 했다.
10) 원문 '김소리(이리)'라 했다.
11) 원문 '김소리(이리)'라 했다.
12) 원문 '김소리(이리)'라 했다.
13) 원문 이렇고습 이라 했다.
14) 원문 '김소리(인리)'라 했다.
15) 원문 '쟁이계(爭而繫)' 이라 했다.
16) 원문 '이왕두시(而~) 라 ~ 했다.
17) 원문 '김소리(이리)'라 했다.

18) 원문 '지소의(已沼矣)'라 했다.
19) 원문 '이상씨로 이어 왔다.
20) 원문 '지소의(只沼矣)'라 했다.
21) 원주 '인사라며(때)라 했다.
22) 쌍기자지쌓 고운: 중국 五代人들을 말한다. 양의 廬獻人이라 고도 한다.
23) 사장三絶: 이름과 산은, 부르고 가지, 참 쓰와 아름 등이 절찬을 말한다.
24) 오장五常: 우파가 인(仁)과 의(義)와 예(禮)와 지(智)와 신(信)을 말한다.
25) 오혜표혜: 고려 중엽의 정밀 가지 가지로 ① 아 미를 지게 답제지형을 조사하는 혜택, ② 세금 덜 이게는, ③ 병을 가르는 예제, ④ 생기기를 지도는 휼양. ⑤ 사형에 처하는 대벽大辟이다.

18) 원주 '긴소리(인퀴)' 라 했다.
19) 원주 '인삼퀴三' 이라 했다.
20) 원주 '긴소리(인퀴)' 라 했다.
21) 원주 '인사퀴四'라 했다.
22) 천지天地 또는 음양陰陽을 말한다. 양의兩儀라고도 한다.
23) 삼강三綱 : 임금과 신하, 부모와 자식, 남편과 아내의 관계를 말한다.
24) 오상五常 : 유교의 인仁과 의義와 예禮와 지知와 신信을 말한다.
25) 오형五刑 : 고대 중국의 형벌 다섯 가지로 ① 이마를 지져 범죄자임을 표시하는 묵墨, ② 코를 베는 의劓, ③ 발을 자르는 비剕, ④ 생식기를 자르는 궁宮 ⑤ 사형에 처하는 대벽大辟이다.

엘크리슈 두루마리 비문

譯註	김성 동성
펴낸곳	도서출판 도붑
펴낸이	김정호
편집	김정호, 이상의, 최형숙
대표전화	031-983-1365, 010-8788-8825
이메일	dobubooks@naver.com
주소	경기도 고양시 거북 119번지
홈페이지	http://dobubooks.co.kr

* 이 책은 저작권법에 의해 보호를 받는 저작물이므로
무단 전재와 무단 복제를 금지합니다.

반야심경 7가지 비교

編譯	삼현 원창
펴낸곳	도서출판 도반
펴낸이	김광호
편집	김광호, 이상미, 최명숙
대표전화	031-983-1285, 010-8738-8925
이메일	dobanbooks@naver.com
주소	경기도 고촌읍 신곡리 1168번지
홈페이지	http://dobanbooks.co.kr

* 이 책은 저작권법에 의해 보호를 받는 저작물이므로 무단 전재와 무단 복제를 금합니다.